김화용 시인 제1시집

창공에 핀 꽃

저자의 말

-명예롭게 살고 싶은 욕망-

한 번 왔다가는 짧은 세상, 누구나 명예로운 이름을 남기고 싶은 것은 욕심일까?

흔히 명예는 남으로부터 뛰어남을 인정받아서 당당하고 떳떳하게 얻는 이름이나 자랑을 뜻하지만, 내가 원하는 '명예롭게 살고 싶은 욕망과 꿈'은 남으로부터 그러한 인정을 받으려 함이 아니라, '스스로 도덕적 존엄에 대한 자각'을 얼마나 이해하며 행하고 살아 왔는가에 대한 물음이다.

이러한 명제에 부딪히면서 그동안 어떻게 살아 왔는지 자문하지 않을 수 없었기에, 지나간 세월을 만나보고 또한 가는 세월을 불러 세워 내 '이름'을 부여할 수 있는 길을 찾다 보니 자연스럽게 시를 짓게 되어, 마음속 깊이 녹아 있는 진솔한 영혼의 물을 길어 올리는 작업을 하게 되었다.

좋은 시를 짓던 못 짓던 그것은 차후 문제이고, 세월 속에서 느낀 감정과 남은 삶의 여정을 시감으로 느껴 보는 것이 중요하였다. 이리저리 흘러다닌 세월의 덩어리들을 절차탁마(切磋琢磨)하여 하나로 묶는 과정에서 나의 정체성이 나타나고 앞으로 삶의 예지(叡智)의 길을 찾다 보니 기쁜 마음에 엔도르핀(Endorphine)을 뿜어가며 수많은 밤을 하얗게 지새울 수 있었다.

살아오면서 몇 번의 아픔과 기쁨이 있어야 지나간 세월을 이해하게 되는지는 잘 모르지만, 습작 수준의 시들을 한 권으로 묶은 이 '시집'은 내 손으로 잘 키운 딸을 '시집 보내는 것'과 같다는 마음이 들었다. 이제 남은 것은, 딸이 행복하기를 바라는 마음처럼, 이 시집이 여러 사람의 손에서 사랑받기를 기도할 뿐이다.

아직은 습작을 더 해야 함에도 왜 이리 서두르며 시집을 내게 되었는지 의아스러우나, 저 멀리 높은 산이 목을 삐쭉 내밀고 나를 쳐다보며 손을 흔들어 주니 용기를 얻어 첫 시집 '창공에 핀 꽃'을 쏘아 올린다.

여기서의 '창공'은, 10년간 대한항공에서 항공기 사무장으로 근무하면서 하늘을 날던 그 창공, 22년 전 호주로 이민 올 때 태평양을 건너온 그 창공, 또한 지구를 넘어 다른 별세계의 우주를 넘는 그런 창공으로 새겨 보았고, 흔히 시는 꽃에 비유되다 보니, 창공에 쏘아 올려 '창공에 핀 꽃' 화려하게 핀 꽃으로 명제를 삼았다.

이번 시집이 정작 출간되면 이 가운데에서 몇 편 또는 몇 줄이나 만족하게 될지 모르겠다. 또한, 친지 동료를 비롯한 독자들이 얼마나 공감해 줄 지에 대한 두려움과 부끄러움이 드는 것은 처음 시집을 내는 늦깎이 시인에게 주는 당연한 고통으로 받아 들이고 싶다.

그러나 이러한 고통은 훗날 보다 성숙된 시심을 키워 큰 걸음으로 시를 접할 수 있는 계기와 에너지가 될 것이라고 자위한다.

그리고 이 정도의 시집이나마 낼 수 있도록 힘과 용기를 실어준 한호지역문제연구소 김삼오 박사님, 성신여자대학교 이해용 대학원장님, 전 언론인 손창호 학형, 〈사단법인〉호주 한국문학협회 나향 이기순 회장님, 그리고 한 편의 시가 탄생될 때마다 곁에서 감수해 준 아내와 처제 정해옥님의 따뜻한 손길과 격려에 깊은 감사의 뜻을 전하며 첫 시집 출간의 기쁨을 같이 하고 싶다.

2009년 8월에 시드니 북쪽 고든에서/ 도담 김화용

축 사

-창공을 넘나들며 피워낸 문학의 꽃-

"호방하고 쾌활한 기상의 나팔소리가 삶의 계곡에 울려 퍼지 듯, 창공에서 문학의 옥동자가 탄생되는 순간의 기쁨을 그 어디에 비할 수 있으리오."

시인에게 첫 시집 출간은, "제비 같은 아내 기러기 같은 남편" 아름다운 문학과의 인연에 마법의 문이 열리고 환상의 세계를 만난다는 꿈의 날개를 단다. 세익스피어도 그의 유명한 희극 한여름 밤의 꿈에서 〈 시인의 머릿속은 광기에 가득 차 있고, 시인의 눈 또한 영감에 번뜩이며, 지상에서 천상을 쳐다볼 수 있고, 상상력은 그 기쁨을 구체화할 실체를 생각한다고 〉 말했듯이 빛과 질서 정의와 진리 편에서 역사하는 언어의 요체가 문학이다.

김화용 작가님의 시나 수필을 읽을 때마다 일상적인 생활이나 인간관계에 남다른 면을 보아왔지만, 이번에 몇 밤을 지새우면서 김화용 선생님의 원고와 함께 호흡해보면서 그동안 많은 시집을 읽으며 느끼지 못했던 김화용 시인님만의 詩 세계의 폭이 넓다는 것을 느꼈다.

시인이 詩와 맺은 인연은 자연의 법칙을 통해 순리적으로 살아가는 방법을 시로 승화시킨 소박하고 진솔함이 묻어나는 글에서이다.

이런 詩를 쓰면서 얼마나 많은 밤을 고뇌하였을까? 시인의 풍부한 감성과 포근한 내면을 감지할 수 있었다.

예를 들면 참을 수 없는 질곡의 삶에서 화가 부글부글 끓을 때, 감정이 폭발 전일 때, 보통사람들은 말로서 규탄하든가 항의를 할 것이다. 하지만, 규탄과 항의는 직설적이어서 필요 이상 감정을 자극하고 폭력으로 돌변하는 것이 일반적이다.

우리 선조는 그러한 극단적인 방법을 피해가면서도 효과적인 수단을 강구하였던 것이 이른바 풍자 詩이다. 조선조 말엽 전국을 바람처럼 떠돌며 날카로운 풍자로 상류사회를 재치와 해학으로 서민의 애환을 달랜 풍자의 대가 "김삿갓"(김병연)도 당대의 세태를 詩로 노래했듯이 김화용시인님의 시에는 가락가락마다 삶의 통쾌함이 배어있었다.

김화용 작가님의 첫 시집"창공에 핀 꽃"이 더 높은 하늘로 탄생의 신호탄을 쏘아 올린다. 태평양 위에서 피워낸 문학의 꽃 온 대지를 덮어가길 소망하면서, 김화용 선생님의 처녀작 "창공에 핀 꽃"출간을 진심으로 축하드립니다.

2009년 8월 시드니에서 〈사〉호주 한국문학협회회장: 나향 이기순

격 려 사

대기만성 하십시오.

평소 아끼던 김화용 후배 교우의 등단과 처녀시집 [창공에 핀 꽃]의 출간을 진심으로 축하합니다. 그가 시드니에서 고대교우회 회장과 다른 사회 활동으로 보여준 대단한 정력과 재간과 친화력, 그리고 호주에 오기 전 대한항공 승무원 생활을 하면서 얻은 폭넓은 경험을 나머지 인생의 중요한 시기를 위하여 어디에다 결집할까 궁금했습니다. 이제 이번 역작으로 그 방향이 밝혀진 셈입니다.

언젠가 읽은 영어 글에서 본 Education as an affectation이란 문구가 기억납니다. 장식 또는 사치로서의 교육이란 뜻이 되겠지요. 간판만 보고 대학을 간다면 그런 예가 될 것입니다. 같은 패턴으로 Literature as an affectation이란 말을 만든다면, 멋있고 지식인 냄새를 풍길 수 있어 문학을 하는 예가 되겠지요.

김화용 교우는 문학의 길에 들어서면서 남이 하니까 하는 것은 싫고, 남과는 다르게 새롭게 하고 싶다는 포부를 밝혔습니다. 그런 뜻에서, 그리고 문인으로서 대기만성(大器晩成)과 우리 사회에 큰 기여를 바라는 마음에서, 솔깃한 말보다 평소 제가 생각해온 깐깐한 몇 가지를 남길까 합니다.

문학과 문인을 논할 때는 거의 예외 없이 영혼, 지성, 지조, 철학, 인격 등의 고상한 단어가 빠지지 않습니다. 문인은 글쟁이나 글 잘 쓰는 기술자가 아니라는 뜻이겠지요. 여러 전문 분야가 사회 발전에 기여를 하게 됩니다. 그 중에서도 교육, 언론, 문학, 법조 등은 전문성 못지않게 직업윤리가 중요하다고 생각합니다. 이때 직업윤리를 소홀히 한다면 전문성은 사회에 해악을 끼치게 됩니다.

한국에 가면 문인이 재벌, 실세 정치인, 유명 인사들의 자서전이나 인물평을 대필해 주는 것을 쉽게 볼 수 있습니다. 대필도 한 전문직종이 될 수 있겠지요. 하지만, 돈을 보고 그런 일을 한다면 사회적 책임의 문제가 따르기 마련입니다. 문인, 학자, 언론인, 교육자, 목회자 할 것 없이 지금과 같이 자본이 지배하는 세상에서 그게 어렵겠지만 지조 있는 문인이 되어 주십시오.

이게 첫째 포인트입니다. 둘째는 문학과 언론은 사촌간이라는 점입니다. 거기에는 양쪽 모두 글쓰기 재능이 한 가지 큰 요건이 되는 것 말고도 더 중요한 이유들이 있다고 봐집니다. 한국 근대화의 여명기(黎明期)에 문인이 언론계의 주축을 이루었던 사실만을 봐도 알 수 있습니다. 산업화와 전문화로 특징지어지는 지금은 서로 따로가 되어가는 추세지만, 아직도(특히 한국, 일본의 경우) 문인이 신문의 지면과 방송시간을 많이 차지하는 특권을 누립니다. 이 귀한 지면과 시간을 독자, 시청자의 흥미 중심의 읽을거리, 볼거리로만 채우지 않기 위하여는 지식의 지평선을 넓히는 노력을 아끼지 말아야 할 것입니다.

셋째로 해외 한인 문인들이 모색해 볼 새로운 기여의 가능성입니다. 영어 소설을 쓰는 어떤 한인 작가는 한국어로 문학을 하겠다면 한국에 가서 해야 한다고 말했다고 합니다. 왜 영어사용 국가에 와 한국문학을 해야 하느냐는 뜻이겠지요. 이에 대한 저의 대답은 'yes and no'입니다. 저는 일생 동안 교과서 영어이긴 해도, 한글보다 영어로 글(주로 신문 문장, 기사와 사설)을 더 많이 썼습니다. 왜 나와서도 우리 말이냐고 물어왔을 때에 대비하여 몇 가지 대답을 준비해 놓고 있습니다.

그 하나는 저의 사회평론은 동족을 향하여 전하고 싶은 내용이기 때문이라는 것입니다. 해외에 나온 1세 한인들이 제2외국어로 문학을 하기는 사실상 어렵습니다. 그러나 할 일은 많습니다. 고국과 해외 사이 가교 노릇이 그 한가지입니다.

새로운 문학 장르의 개척, 현지 문학인과의 교류, 현지어로 쓰는 2세 작가의 출현과 번역 문학의 장려 활동이 그런 예가 되겠습니다. 이민문학이란 말이 잘 쓰이지만, 과연 그게 무엇인지 연구한 사람은 드문 것 같습니다. 시드니에만도 여러개가 된 문학동호인단체를 배경으로 하여 김 교우 같은 야심 찬 젊은 분이 이런 새로운 영역에서 선봉을 설 수 있기를 기대합니다.

다시 한번 [창공에 핀 꽃]의 출간을 진심으로 축하합니다.

2009년 8월

김삼오

언론인,

전 호주국립한국학연구소 수석 연구원,

커뮤니케이션학 박사

차 례

제1부 .

*나 다시 태어 나면 "바람"이 되려오

제2부 .

* 흩어지는 구름을 밀어내며

제3부 .

* 마음의 등불

제4부 .

* 별빛 아스라한 시드니의 새벽

제5부 .

* 비우고 채우고 갚으며 살리라

제1부 나 다시 태어나면 "바람"이 되려오

숫자

계곡 따라 흐르는 물, 길 따라가는 사람,
블루마운틴에 떨어지는 물방울
높고 높은 산 계곡을 따라
시드니 앞바다에 이르러 서로 몸을 섞는다

인생 팔십 숫자로 헤어보니
적었다. 많았다. 어리석은 사람,
손가락 사이에서 맴도는데
숫자에 불과하다는 말이 이런 건가
지나온 세월이 바람에 구름 헤치듯
한순간 꿈만 같은데
나아갈 숫자 보지 못하는 것은 가깝기 때문인가

앞으로의 삶, 지금보단 다를지라도
또 다른 세계로 채울지라도
내일 열어갈 "노인시대" 물같이 흘러갈
새로운 그날에 나는 만세를 부를 수 있을 것인가

(시작노트)

2007년도에 대학선배 우봉 남기성님의 모친 팔순(八旬)기념행사에서 그분께 드릴 선물을 생각하다가 졸시를 선물로 갈음하였다. 팔십 대 나이는 노인이 아니라, '장년기'로 회자된다. 장수시대에 노인시대 만세를 생각해 보았다.

* 블루마운틴(Blue Mountain): 호주 시드니 서부 약 200킬로에 위치한 산.

바람

세상에 다시 태어나면 되고 싶은 것이 있다오.
누구에게도 말할 수 없어 내 가슴에만 담고 있다오.
하루는 아내에게, 얘기했다오.
나 다시 태어난다면 "바람"이고 싶다고,

있는 듯 없는 듯 그 실체를 느낄 듯하면
사라져 버리고 다시 불어오는,
어느샌가 맹랑한 실체를 보이는 바람 말이오,

자유가 마냥 그리워 자연 속
나 그리고 너, 우리,
고운 사람, 귓가에 비파로 노래하는 실바람도 되어보고
얄미운 사람, 겨울바람도 되어보는 바람이 되려오
더 넓은 세상에 있는 듯 없는 듯한 존재,
나 다시 태어나면 "바람"이 되려오.

(시작노트)

나는 언젠가 "만약 내가 이 세상에 다시 태어난다면 바람이 되고 싶다"고 생각한 적이 있다. 나는 평소 바람의 모습을 마음으로 그려보곤 했는데 '바람'은 눈에는 보이지 않지만 "날개"가 있어 여기저기 자유롭게 다니는 것이라 생각되어, 인간의 모습으로 세상 고뇌에 찌들어 살기보다는, 자연 속에 있으면서 세상이 나를 필요로 할 때 실체를 보여 주는 바람의 모습, 나는 그것으로 살고 싶다는 생각을 가지고 있었다.

꿈인지 생시인지

지금 나는 어디로 가고 있나
생시의 어느 길목인가, 아니면
꿈길의 어느 모퉁이인가

글을 쓰고 있는 지금도,
행여 꿈 속에서의 헛짓인지 몰라
꼬집어본다.

한창 꿈을 꾸고 있을 땐
그게 꿈 속인지 생시인지 알 수 없어
희뿌연 초점 허공에 맞추고야
꿈이었던 걸 알게 된다.

어떤 날은 꿈속에서 겪고 있는 일이
너무 끔찍해
차라리 꿈이었으면 생각하다
깨어날 때도 있다.
늘어진 몸은 땀으로 뒤범벅이 된 채
놀란 가슴 쓸어내리며 안도의 숨을 쉰다
생시의 삶도 한낱 꿈일 수 있어
아픈 깨달음이 있어야 삶이
한바탕 꿈인 줄 아는 것을……

언제 가슴 영글어
'내가 나를 잊어야 한다' 는
날것의 진리를 깨우치려나.

(시작노트)

삶은 한바탕 꿈인가?
각이후 지기몽야 (覺而後 知其夢也). 깨어난 뒤에야 그게 꿈인 줄 알았네, 삶은 '한바탕 꿈' 인 것을. 기왕 꾸는 꿈 "멋지게 한 번 꾸어보자".

벽

내가 쌓았든 남이 쌓았든 담을 쌓으면 벽이 생긴다. 한 번 생긴 벽은 허물고 제자리 찾기 어렵다. 쌓기 전엔, 너와 나, 아무 담도 없었건만 금을 긋는 순간 우리는 갈라진다.

내가 담을 쌓으면 남이 알든 모르든 벽이 되지만 남이 먼저 쌓아도 내가 담을 벽으로 받아들이지 않으면 둘 사이 갈라놓지 못한다.

하얀 종이는 그 안에 자유. 평화. 진리가 있으므로 종이 위에 아름다운 그림을 그리면 참 자유 참 평화 참 진리가 된다.

누군가를 원망하며 그린 그림은 추악한 그림이 되고, 조금 전까지 하나였던, 너와 나, 우리를 나누는 선이 그어지면 종이도 벽이 된다.

(시작노트)

벽 허물기 　-항심을 지키기 위해-
내가 아닌 상대방이 담을 쌓은 경우, 내가 그 담을 벽으로 받아들이지 않으면 둘 사이를 갈라 놓을 수 있는 벽은 없다. 종이 위에 줄을 하나 그으면 조금 전까지는 하나였던 것이 둘이 되면서 상대를 나누는 벽이 생긴다. 여기에서 '종이'란 나의 '마음'이다.

거울

하루에도 몇 번씩 거울을 본다
안방에서 화장실에서 현관에서
거울이 나에게 부딪히는지
내가 거울에게 부딪히는지
무에 그리 푸닥지게 단장할 일이라고
이리저리 멋을 내보아도
거울 눈씨는 칼날처럼 살차다
이리저리 뜯어본들
주름 잡힌 세월 고스란히 낮꽃
나목에서 핀 목련 같은
거울 안 날것의 진리
그냥 그대로 살란다
별 한 번 헤아릴 새 없이
이리 볶고 저리 볶는 일
매일매일 왜 그리 체하듯 사느냐고
마음 먼저 윤기나게 닦으란다
빛을 마시는 영혼처럼
겉과 속이 똑같은 거울
성에 낀 세월이 이랑처럼 골을 쳐도
날것의 나만을 보자 한다
가식 없는 웃음
가득한 내가 보고 싶은 것이다.

(시작노트)

* 호주일보/한국문학협회 공동주관 2009년도 신춘문예 '시' 부문 수상작.

샘물

우리들 마음에
따뜻한 사랑이 없다면 얼마나 삭막할까?
우리들 마음에
영혼의 샘물 없다면 얼마나 목마를까?

날씨가 추워지면 감기든다 야단이고
가뭄이 들면 모두가 타 죽는다고 난리들이다.
세상은 내가 있어 삼라만상이 존재하는 것처럼
내 맘이 춥고 메마르면 내 삶이 그러한 것을
이보다 더 슬픈 일이 어디 있겠는가
진정한 삶의 눈은 겉눈이 아니라 마음속 눈,
맑은 심안(心眼)이 세상 모두를 사랑하게 한다

따뜻함이 솟는 샘터에는
너 나 우리 모두 살아가는 동안
사랑과 진실의 물이 항심(恒心)으로 있을 터
끊이지 않고 졸졸 나오는 항수(恒水)는
영원한 마음의 샘물이 아니던가

(시작노트)

세상을 살아가며 느끼는 희로애락, 삶은 우리에게 때로는 분노와 원망으로 때로는 사랑과 희열로 다가온다. 인생사 모든 것 마음먹기에 달려 있다고 하지 않던가? 진실한 사랑의 항심을 잃지 않고 산다면 적어도 실패한 삶은 살지 않으리라고, 세상 모든 이치를 여기에 맞춘다면 '훨씬 행복한 삶을 살 수 있지 않을까' 생각해 본다.

시를 쓰는 마음

걸음걸음 詩 구절이 담겨있고
들숨 날숨마다 사랑이 가득하건만
감춰진 속마음 다 열 길 없는 아쉬움
석양에 넌지시 걸어 놓아 보련다

詩 백 년 세월에 마음은 바쁘건만
시인들의 땀방울 어디에서 찾을까
이제껏 풀어내지 못한 회한(悔恨)
석양에 녹여보련다

수많은 글자 스며 있는 백사장
초록 바닷바람 내음 맡으며
가슴속에 타다 남은 마지막 재 속에서
영롱이 빛나는 글자를 줍는 마음

(시작노트)

호주 한국문학협회의 나향 회장님과 문사님들의 시에 대한 열정, 이역만리 떨어진 이곳 호주 땅에서 잊혀져 가거나 유기되어 가는 순수한 우리말의 맥을 이어 보려는 깊은 정성에 감명받았다.

우리 엄니

사진 속 젊은 날들 남에게 우쭐대던 지나간 많은 시절
젊어 미인 동네 멋쟁이 우리 엄니,
한 번 웃어 주면 온 세상이 푸근해졌건만

어느덧 백발 되고 몰골도 앙상
머릿결 빗어드리려 해도 빗질도 할 게 없고
갑작스레 더 늙음에
허전한 마음 처량하네

들어 못 낸 눈물이 콧등에 이슬 되어
한 아름 가슴 속에 숨죽인 서러움이 눈물로 흐르네

눈앞에 함께하면 그리도 성가시고
멀어져 가 있으면 쓰라린 가슴앓이
남들은 팔십도 청로(靑老)라며 청춘으로 여기건만
일찍이 병들어 좋은 세상 멀리하고
외로이 세월을 접고 있는
멋쟁이 우리 엄니

돌아가신 후 큰 제사 백 번 한들 무엇하리.
살아계셔 내 곁에 있건 멀어져 가 있건
주물러 드리고 안아 드리고 일으켜 드리고
말동무 해드려야지.

(시작노트)

장모님 건강이 매우 안 좋으십니다. 젊어서는 후덕한 인상에 인심도 좋으셔서 덕도 많이 베풀고 사셨는데, 수년 전부터 파킨슨병으로 몸이 자유롭지 못한 어머니를 호주에 산다는 이유로 모시지도 못하고……
'말동무' 해 드리는 것이 최고다"라는 말과 함께 5월 어버이 달을 맞아 사모곡을 써 보았다.

세월

천리(千里)도 한 걸음부터
한 걸음도 발 밑 부터라는데

백일 가고 돌 지나서 철들자
청춘 가버려
제 잘난 줄 홀로 앞서간 세월
눈 흘기며 빠른 걸음 쳐다보네

먼길 구름 속 헤쳐간 나날들
허겁지겁 숨만 차고
헤어보니 육십 넘어 칠십이고
팔십도 멀었겠냐만

오늘도 콩 볶을까
서두름은 잠시 묶어두고
앞서간 발자국
지나간 세월, 몸 불살라 만든 저녁노을,
이랑처럼 골진 세월을
뉘라서 붉다 안 하리

(시작노트)

20대의 인생은 시속 20킬로미터로, 60대의 인생은 시속 60킬로미터로 달린다는 얘기가 있다. 젊었을 때는 하루의 즐거움에 반비례하여 세월이 참 느리게 흐른다는 생각과 함께 하루 빨리 어른이 되고 싶다는 생각도 많이 했었다. 그런데 이제 불혹을 넘어 지천명에 이르다 보니 할 일은 너무 많고 속절없는 세월만 빨리 흐르는 것 같아 인생의 무게를 담고 있는 손이 바쁘게만 느껴진다.

새

쉼터 찾던 새
나뭇가지 다칠세라
사뿐히 내려앉네

또 한 마리
높이 날던 새
마주 선 나무에 앉아
곁눈질로 쳐다보네

내가 그리 갈까 네가 이리 올래
멀리 앉은 새 서로 오기를 기다리나
하나 둘 모여
여러 마리 함께하여

지지배배 종알거림 온종일 즐거워라
무슨 할 말 그리 많은지

(시작노트)
아들을 결혼 시키면서, 생활을 단출하게 하고 싶은 마음에 하우스에서 아파트로 이사를 했다. 베란다 너머로 카카투(cockatoo) 같은 앵무새들이 해, 구름, 바람 속을 헤치며 날아 다니는 모습, 성형 수술하지 않은 '있는 그대로'의 사실적인 풍경을 평범한 시어(詩語)로 써 보았다.

행복

높은 언덕 구름 가려
길은 어디인가
밤새 내린 비로 갈 길 모두 잠겨있다
아! 어디로 갈 것인가
허공을 가르는 작은 새야
나래 있는 네가 마냥 부럽구나
잠자리 날개라도 내게 있다면
나래질 몇 번으로 언덕 너머에 가 보련만
괜스레 망상에 환상까지 넘나든다
소리 없는 행복은 언제쯤 왔다갈까
여기 없음 저 너머에는 있을까
아리아드네(Ariadne)의 희망의 실타래를 따라가는
테세우스(Theseus)처럼
웃음 가득 행복한 얼굴,
내 삶에 감추어져 있다

(시작노트)

어려울수록 삶의 아리아드네의 실을 꼭 잡고 희망을 갖는다면 행복은 결코 매정하게 내치지는 않을 것이다. 나에게 있어 아리아드네의 실은 무엇일까?
* 아리아드네의 실(Ariadne's Thread): 그리스 신화.
크레타 왕 미노스(Minos)는 사람이 한 번 들어가면 빠져나올 수 없는 미궁의 감옥을 만들었다. 이 미궁에는 우인(牛人) 미노타리우스(Minotaur)라는 미노스의 황소가 살고 있었다. 당시 약소국인 아테네의 왕자가 괴물을 죽이기 위해 미궁에 들어가려는 데 이때 크레타의 공주인 아리아드네가 왕자인 테세우스에게 반하여, 왕자가 미궁으로 들어갈 때 실타래를 꺼내 주면서 실 끝을 풀어 미궁의 문설주에 묶었다. 그리고 괴물을 죽이고 풀었던 실타래를 살살 당기면서 미궁을 빠져나왔다는 이야기로, 흔히 풀리지 않는 일을 잘 해결할 수 있을 때 '아리아드네의 실타래' 라는 말로 많이 회자 된다.

목소리

소식 전한 지 오래,
소식 전할 마음 선뜻 내지 못해
전화기만 만지작거리다
괜스레 다른 일 핑계 삼아 다이얼 돌려본다

가까운 목소리,
왠지
멀리도 조그맣게 들리는 듯
오랜만에 안부 실은 목소리
미안한 마음에
핑곗거리 찾는다

어느샌가 정담 담긴 크고 작은 웃음소리
왜 이리 무심했나 후회로 밀려오고
온새미로 좋은 사람
내일도 마다 않고 자주 듣고 싶은 그 목소리

(시작노트)

바쁜 하루를 살아가다 보면 멀리 있는 친구 혹은 가족들에게 안부 전화 한 통 넣기 힘들다. 힘들이지 않고 버튼만 꾹꾹 누르면 될 것을 무엇이 그리 바쁜지 하루하루 미루다 보면 어느새 안부 묻기도 민망한 상황이지만 전화기 너머로 들리는 반가운 목소리에 나태하게 늘어진 자신을 반성해 본다.

* 온새미로: 자연 그대로, 언제나 변함없이

와몽(瓦夢)

센 바람 부는 날,
기와지붕 밑에서
와몽이나 즐기는데

살구꽃 끝에 서성이던 봄
겨우내 닫힌 맘
시나브로 흔들어서

뉘 왔나 문구멍 내다보니
꽃바람, 문바람 타고
봄마중 나오라 손짓하네

눈가루에 드센 바람
오는 봄을 쓸고 갔나,
봄은 없고 바람만 있어

다시 들어 와몽이나 즐기려는데,
그런 나는 어데 갔나
내 맘도 사라졌네

(시작노트)

와몽(瓦夢)은 대학선배이자 인생의 벗인 우봉 남기성님이 고등학교 때 은사로부터 들은 어휘라고 한다. 이 말이 평소 대자유를 누리고 싶어하는 나에게 알맞을 것 같다며 필명으로 추천하였는데, 이를 받지는 못했지만 베푸신 큰 배려에 감사 드린다.

* 와몽(瓦夢): 기와지붕 아래에서의 꿈.

삼우(三友)

구름 아래 경치가 이리도 좋으면
구름 위 경치는 얼마나 더 좋을까?

바람을 타고 구름을 가르고 가람을 건너
자유롭게 허공을 날으면
앞서거니 뒤서거니 구름을 등에 업고
뽐내는 자태여

스물네 시간 무상(無償)으로 보여주는
자연을 만끽하면서
주홍빛 석양에 홀로 홍취(紅醉)되어
시상(詩想)을 노래할 때 찾아오는
삼우(三友)야 다 모여라

구름 낀 산수에 음률이 있고 시(詩) 있고 술 있으니
떠나간 이태백(李太白) 두 보(杜 甫) 백거이(白居易)
그들도 이런 맘이었으리

밤잠에 취한 꽃, 친구나 삼아볼까
홀로 독주(獨酎)청하던 주선(酒仙)에게
아람처럼 둥근 명월의 그림자 밟으며
나는 춤추는 시인이 된다.

(시작노트)

삼우(三友)는 세 친구를 뜻하는데, 몇 가지의 사전적 의미와 시적인 의미가 있다. 시, 술, 거문고, 또는 산수(山水), 송죽(松竹), 금주(琴酒)의 세 가지를 뜻한다. 나는 친구, 친구가 가져온 술, 그리고 친구에게 들려 주는 시(詩), 이 세 가지를 삼우로 만들어 보았다. 중국 당대(唐代)의 세 시인, 이태백, 두 보, 백거이를 함께 불러 보았다.

카카투(cockatoo)

카카투
푸드덕 날갯짓 하며
어느새 다정한 나그네 길동무 되어
온새미로 세월 따라
너 절로 나 절로 노래가 절로

카카투
한 번 날갯짓에
내 마음 그리운 친구에게
두 번 펼친 나래에
지나간 추억으로
훨훨 날아
멀리 가신 어머님에게로

카카투
내일도 멀다 하고 누구 닮아
가는 길 재촉하나
먼 산에 지는 노을
뜨거워도 만지고파
날아가서 잡고 싶네

카카투
흰색 날개 제 모양 한껏 내어
너라도 멀리 날아 잿빛 구름 휘저어서
들리는 목소리, 먼저 가신 아버님
이승의 소식이라도 전해드리렴

(시작노트)

매일 아침이면 창문 너머로 날아오는 은빛 날개의 카카투, 이제는 자연을 노래하는 벗이 되었다. 나는 카카투에게 노래한다. 너는 날개 있어 바람 타고 멀리 날아가서, 친구들에게 지난 추억 전해 주고, 먼저 가신 그리운 아버지 어머님에게 내 마음 가져다주기를 부탁한다고.

* 카카투(cockatoo): 호주, 동인도의 앵무새.

예그리나

1.
하나는 안암골에 또 하나는 신촌골에
두 골을 따라보니 명문이라.
물은 골 따라간다는데 한 몸 되어
호주까지 함께 왔네.

오늘 만나서 젊은 시절 그때로 가 보세.
앞서건 뒤 서건 그게 무슨 대수인가!
앞서면 뒤 오는 손 당겨주고
뒤 서면 앞 가는 등 밀어주면 되지.

연대 있어 고대 있고 고대 있어 연대 있네.
들어서 귀에 좋고 보아서 눈에 좋아
어허라~ 좋을시고 어화둥둥~ 내 친구야
해뜰참 시작해서 해지게 함께 가는
온새미로 사랑하는 친구사이

거나하게 놀다 보니
이기고 지는 건 한낱 숫자 놀음
함께 어우러진 한바탕 큰잔치

가져온 술동이 달님을 벗 삼아
네가 있고 내가 있어 얼큰하게 취해보세
우리는 예그리나 사랑하는 친구 사이.

2.
서로 다른 높은 기개 어느 산이 높다 하리
타는 열정 뜨거움이 용광로도 녹이고
우정의 깊이는 시드니 앞바다가 깊다 하랴

서로 손잡고 춤추니
7월의 된바람 붉은 열기 식혀주고
12월의 한더위도 제 몸 태워 비켜가네
멋들어지게 놀며 마셔보세
서로가 하나 되는 우렁찬 함성소리
시드니 앞바다가 출렁이고
블루마운틴이 들썩이네
해뜰참 시작했다 해지게 갔건마는
온새미로 사랑하는 친구사이

어깨동무하고 나니 연고대가 따로 없어
햇살이 무거운 듯 호주 삶이 힘겨워도
네가 있어 가벼워진 삶의 무게
내일도 오늘처럼 태양은 다시 뜨리
우리는 예그리나 사랑하는 친구사이

(시작노트)

한국에서 두 대학교는 매월 10월이 되면 야구, 농구, 아이스하키, 럭비, 축구의 다섯 가지 종목의 경기를 이틀간에 걸쳐 경합을 벌이는데, 그 흐름이 이곳 호주 시드니에까지 와서 고대의 이광순님, 김삼오님, 그리고 고 최영길님, 양극수님 등의 노력으로 다시 만났다.
호주에서는 골프, 배구, 가족경기, 축구시합을 하고 있다.

* 예그리나: 사랑하는 우리 사이.

해송(海松)

시드니의 바다는 넓고 깊다
밴쿠버의 바다도 깊고 넓다.
생명을 낳고 키워 준 바다
바다는 영원한 고향, 어머니 같아.
지나던 바람도 솔잎에 쉬어가는 해송 한 그루,
늘어진 가지에 산들바람
벼랑 끝 아래로 기운 솔가지 그늘
출렁이는 물결도 잠시 쉬게 한다

해송(海松)에 머물던
구름도 별도 지나던 새들은
뭉클한 내 맘을 제대로 한힘님께 전할 수 있을까

세상에 태어나 맺은 여러 인연,
이처럼 보고 싶고 그리운 님 또 있을까
그 마음 시드니 앞바다의 잔물결 타고
밴쿠버 먼바다로 헤엄쳐 가네

그리움을 꼭꼭 여미고 살아온
가슴앓이 십수 년
희미한 그 얼굴, 추억 속의 사진 그려보네

(시작노트)

캐나다 밴쿠버에 계신 한힘 선생님으로부터 '해송'이란 필명을 받았다. 보내 주신 필명과 그 뜻풀이에 감명을 받았고 기뻤으나, 동명이인이 있어 이것을 받아쓰지 못했다. 그 뜻을 마음으로 전하면서, 답시(答詩)로써 '해송'을 써 본다.

다음은 한힘님으로부터 받은 시

바다는 넓고 깊다.
바다는 생명을 낳았고, 생명을 키웠다.
바다를 바라보면 보는 이의 마음도 바다가 되고 만다.

바다가 된 소나무 한 그루가 호주의 바닷가에 서 있다.
조용한 바람에도 솔잎이 흔들리지만
거센 바람에도 줄기는 미동하지 않는다.

소나무 그늘이 바닷물 위에 놓여서
바다도 소나무가 되었다.

그대를 해송(海松)이라고 부르고 싶다.

때려주고 싶은 나

먼길 떠날 생각에 심란한 내 맘
갈까 말까 망설이는 마음
기회는 날마다 오는 것이 아닌데
시간에 매여있는 인생

나는 바람이 되고 싶어
멀리 있어도 보고 싶으면
호주도 가고 내 모국도 가고
보고 싶은 언니도 보고 친구도 보고
엄니도 보고 또 보고!

엄니는 눈 수술 하신다는데
속은 애타도 표현하지 못하고
애꿎은 수화기만 올렸다 놨다 하루에도 몇 번씩
메일이라도 띄우면 맘이 가라앉을까

이도 저도 마음에 잡히지 않고
이승에서 헛된 삶에 엉켜
무심한 담장만 오르고 있는 건 아닌지

세상에서 가장 강한 사람이
자신을 이기는 사람이라는데
왜 나는 언제나 지기만 하는지
정말로
때려주고 싶은 나.

(시작노트)

시간이 모처럼 난 필리핀의 둘째 처제에게 호주에 다녀가라니 이리저리 생각 중이라고 한다. 게다가 어머니가 곧 수술을 하신다니 마음이 심란한 것은 당연하겠지. 살다 보면 삶이 계획대로 되는 수도 있지만 나도 내 마음 잘 몰라 어떤 때는 자신을 때려주고 싶을 때도 있고, 한 대 그냥 콱 쥐어박고 싶을 때도 있다.

임 소식

벚 가지에 매달린 봄
춘설(春雪)에 몸 떨며 문밖을 서성인다
동리 밖 짖는 개가 낯선 이 반기는지
시나브로 들려온다

공항에서 님 보내며 울던 낯은
밉게 일그러졌지만
반가운 전화 소리, 님의 목소리일까
노랫소리로 다가오는데

제트기에 몸 실으면 하루면 족하건만
못 보고 멀리 있어
마음만 타네

님 온다는 소식 끌고 온 꽃 소식처럼
춘풍은 마닐라 꽁무니 바람 타고
제 먼저 와 있다.

님 온다는 소식에
새털같이 들뜬 맘
오늘인가 내일인가
괜한 달력에 눈길만 꽂힌다

(시작노트)

님 온다는 소식을 시(詩)로 남기고 싶었다. 식상 하기 쉬운 형부 처제 사이를 '님' 으로 표현한 것은 아내를 아끼는 나의 마음을 비유적으로 표현한 것0 기도 하지만, 동생을 그리워하는 아내의 마음을 우회적으로 표현한 것이기도 하다

교정에서

봄이 쌓인 교정
온종일
두 손 잡고 뛰다 숨가빠 하며

추억 속에 담을 사진 여기저기 분주한데
벚꽃의 향기에 절로 취해 흔들린다

벚꽃은 제 몸단장 위해 피었는지,
내 벗 위해 피었는지,
벗 가는 길 앞에 서 있고,

게으른 봄은
겨울을 미처 못 잊은 듯
벚꽃 가루는 눈꽃 되어
온 교정 흰 눈밭이 되네

고운 맵시 꽃 단장 머리 위에도
꽃잎 소복소복
둥실, 구름이 그림자를 내린다

(시작노트)

조카 예진의 홈페이지에 들러 벚꽃과 목련이 화사하게 핀 멋진 봄 단장을 한 동덕여대 교정을 보았다. 다정한 '벗'들과 마음껏 쏘다니며 꽃으로 봄과 마음을 섞는 모습에, 나도 저런 시절이 있었나. 내 젊은 시절이 회상되었다.

제2부 흩어지는 구름을 밀어내며

사부곡(思父曲)

아버지는 듣고 계십니다. 어머니는 보고 계십니다.

가슴 속 숨겨진 소리와 영혼이 한빛 되어
한 삶을 갈무리하며 살 뿌리에 햇살 심어
당신의 부드러운 목소리와 눈가의 미소에 업혀 간 세월만큼
잔주름으로 고랑을 만듭니다.

세찬 바람도 막아주며 억센 풀에 걸리어도 붙들어 주신
아버님이 있어 그늘에서도 늘 행복했습니다.
더욱 행복한 것은
아버님이 남긴 삶을 제가 살기 때문입니다.

기일이 되었습니다.
온새미로 당신을 만날 수 있어 한 해 동안 그리움으로 기다리다
기쁜 마음으로 오늘 당신을 만나겠습니다.

보고 싶은 그리움,
제 살 태워 밤 밝히는 촛불이 되어
흔적 없이 떠나신 듯해도 잡힐 듯 보일 듯한 당신.
담에 낀 이끼마저도 당신을 그리워하며
조용히 숨을 죽이고 있습니다.

멋쩍게 웃던 아버님의 모습,
지금도 여전하신지
지나던 바람에게 물으렵니다.

(시작노트)

아버님 영정을 앞에 모시고 제문을 낭송하며 애도의 미사를 드린 뜻 깊은 기일에 부쳐

* 2009년 4.22. 정운식 님 영전에.

어머님 영전(靈前)

사진 속 젊은 날들 추억이 돼버린 어머님!
큰 복 받아 젊어 미인, 존경받던 명의(名醫)!

갓난아이 등에 업고 의과 공부 시작하신 그 용기와 열정,
늘 미소 지으며
마음속 병까지도 어루만져 주시던 푸근함,

마른하늘에 날벼락,
당신이 우리 곁을 떠나셨다는
그리움과 아쉬움에
가슴 메이네

"나무가 고요하고자 하나 바람이 멈추지 않고,
자식이 효도하고자 하나 어버이가 기다리지 않는다"

다시 한번 불효의 한(恨)에 엄한 가슴만 치네.

속 깊은 울음 폭포수인들 내 슬픔 다 할까
다 드러 못 낸 눈물이 콧등만 적시는데
후덕한 마음의 유산에 감사하며 멀어져 간 듯해도
내 맘속에 함께하겠습니다.

청로(靑老)의 젊은 혈기 온 누리에 언제나 함께하시며
다하지 못한 꿈, 가신 그곳에서 더 누리소서.
내 삶 뿌리 주신 당신의 숨결 하나하나 고이 접어 간직하고
남은 생애 친구 마음처럼 추모하리란 다짐을 당신께 바칩니다

(시작노트)

1993년 나의 어려운 시절, 내 안부 늘 걱정 해 주시던 희원 어머니!
희원은 -내가 멀리 있어 걱정할까 봐- 어머니 부고(訃告)를 알리지도 않고 삼일장을 끝내고서야 지친 몸 되어 메일로 연락을 하였다. 연세가 79세라고는 하나 어머님 자신이 명의(名醫)이셨으니 스스로 건강관리를 잘하셨는데 갑자기 가슴 통증을 호소하시다 병원에 도착하자마자 숨을 거두셨다고 한다. 생전에 내게 베푸신 큰 사랑 다시 한 번 머리 숙여 삼가 명복(冥福)을 빕니다.

* 희원 모친 삼우제에 바침.(2009. 4.21.)

잊혀진 이름

멀리 매지구름 한 덩이
바람에 휩쓸리더니
날던 새 하얀색 꽃무늬 구름 속에서 숨바꼭질하네

늦잠자고 일어난 초롱별 희미한 기지개 켜는 눈망울
멀리 있는 친구에게 소식 전하는지
부지런한 친구는
게스름 달빛 아래에서
내 마음 담아 듣고 있네

남은 가족 안부를 물으며
오늘은 어제보다 더 영롱(玲瓏)하게 반짝이고 싶어
이승에 살다가면서
이름 석 자 기억 속에 남아 있는지

구름처럼 바람처럼 움직이면서
어우러져 못다 한 이야기 남기려는지
빛마저 구름 속에 가두고 있네

사람들 이야기 귀 기울이다
이제는 편안한 미소로
흩어지는 구름을 밀어내며 이승에 남길
마지막 빛을 던지며 가시네

(시작노트)

사랑하는 당신은 갔습니다. 그러나 석양이 남기고 간 어둠을 밝히는 빛으로 거듭 태어난 당신을 영원히 사랑으로 기억합니다. 사랑하는 아내와 못내 그리운 자식들이 잘 기억하고 있습니다. 당신은 우리에게 영원히 잊혀지지 않을 이름, 아버지입니다.

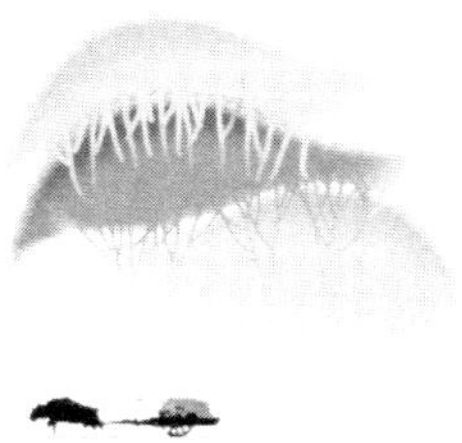

아내 사랑

저 너머 구름 뚫고 날아오르는 새
누굴 보며 노래하나,
햇살에 빛나는 은빛 날개 앵무새는
사랑 노래 부르며
원을 그리며 날다가 돌아오네

하늘이 맺어준 인연
사랑의 묘약, 합환주 잔 들어
진분홍빛 로제와인 부딪치는 소리,
앵무새의 노랫소리,

두 손 꼬옥 쥔 발그레한 얼굴,
길게 뻗은 붉은 석양빛
침실 어둠을 걷어내며 들어오네

(시작노트)

결혼기념일---아내의 사랑스런 눈을 쳐다보면서, '아내의 안에 들어가고 싶을 정도로 사랑한다'고 생각해 보았다. 부부는 일심동체라는데 과연 내 아내도 같은 마음일 것이라고 생각하면서 잠든 아내를 조용히 내려다보았다.

부목(浮木)

석양(夕陽)에 시린 마음 달래나 볼까?
일출 보려다 때 늦어
솟아오른 환한 너의 모습에
부끄러운 마음, 세월마저 속일 수 없어
구새먹은 몸으로 비껴선다

길 옆
키 큰 나무들
폭풍우 스쳐가도 그저 소리 한 번 휘익 내면 그만인데
나뭇가지에 할퀴우고 찢겨진 상처들
겨우 매달려 있는 잎사귀 하나

가는 세월
지나간 추억(追憶)을
세월의 굴레 속에 가두어 둘 수밖에
그저 못 비켜간 골진 이랑에서 손을 내민
초록 잎사귀

해거름 지나던 구름
온갖 모양 다 보이는데
나도 구름이 되면 부목(浮木)처럼 떠돌다가
만나 함께 갈 수도 있으리.

(시작 노트)

집 근처 큰 나무 밑을 지나다가 할퀴우고 벗겨진 기둥의 모습이 안쓰러워 만져 보려다 차마 어루만지지도 못하고 가던 걸음을 재촉하던 어느 날, 지난 세월을 생각하니 후회와 부끄러움에 떠오른 해를 감히 볼 수가 없었다.

빨간 돼지저금통

시드니(Sydney) 시내에서 우연히 눈에 띈
향수 젖은 빨간 돼지저금통

동전 한 잎 두 잎 떨어지는 소리
가뭄에 단비 같고 열대야의 산들바람 같은
빨간 돼지,
하나 둘 넣다 보니 어느새 배불러
일요일 아침 큰 맘 먹고 뚜껑을 열었다

수북한 동전 줄 세워 쌓는 아내의 모습,
어른거리는 이국(異國)의 동생 그림자,
우리는 한마음
동생 초청을 하기로 했네.

동생 만나 아름다운 시드니 보여주고
해거름 속에서 커피향 맡으며 문학을 노래하고
불혹(不惑), 천명(天命), 이순(耳順)을 함께 걸어가고 싶었네

또 다른 인연 기다리는 돼지저금통
이것으로는 무엇을 할까?
가슴 벅찬 희망이 기다림이 되네

(시작노트)

몇 해 전 시드니 시내를 거닐다가 우연히 플라스틱 돼지저금통을 발견하고는 신주단지 모시듯 장롱 안에 넣어두고 꾸준히 동전을 모았었다.
아내는 저금통을 열면서 멀리 떨어져 살면서 가끔 전화로 안부만 물어오던 동생을 초청하고 싶어했다. 우리 부부는 이 희망을 바탕으로 호주에서의 행복한 해후를 만들었다.

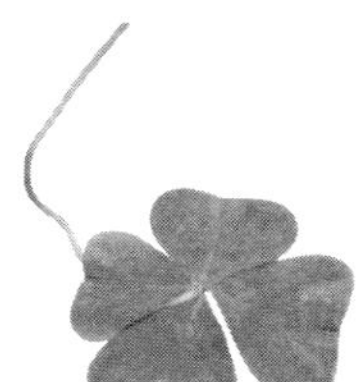

바보 시인

그저 손가고 붓 가는 대로 물 흐르듯 쓰면 된다던 수필, 너도나도 모두 써 대면 돌아가신 금아(琴兒)선생께서 가시던 길 뒤로 돌아 헐레벌떡 뛰어올 일이다. '삶이 녹아 있는 수필' 쓰기가 그리 쉽지 않아 정성을 다해도 손이 떨리고 붓이 삐뚜로 가는 것을 어찌 잡을까? 흐르는 물도 내려가다 바위 만나 막히면 돌아가고 움푹 패인 도랑 만나면 멈췄다 가는 것을, 산(山) 꼭대기인지 기슭인지 분간도 못해 길 잃고 헤매는 모습이다.

붓 놓고 편한 듯 쉬어 가는 모습, 생각 없이 서두(序頭)도 못 갖추고 마음만 급하게 쓴 글로 제대로 된 시 짓겠다고?

애써 쓴 글 아까워 가지치기 못하고 제대로 퇴고(堆鼓) 한 번 못해 줄이고 또 줄여 짧으면 시(詩)가 되는 줄 아는 바보 시인이여!
차라리 쓰려다 다 못 쓴 글, 줄여서 시(詩)라고 우겨 보면 어떠하리.
수필에 대적하여 줄이고 또 줄이고 가지 치고 또 치고, 짧은 시 좋아라 만족하는 내가 바로 바보 시인이런가.

(시작 노트)

나를 반성하며 쓴 산문시(散文詩)이다.
흔히 시를 '문학의 꽃'이라고 한다면 수필은 글쓰기의 기본이 아닐까?
제대로 퇴고도 못하고 그것을 '시'라고 한다면 엉터리 '시'가 되겠지만 그래도 차라리 우기면서 '시'를 쓴 것처럼 한다는 역설적인 표현을 산문형식의 시로 담아 보았다.

* 절차탁마(切磋琢磨): 옥이나 돌을 갈고 닦는 것과 같이 학문과 덕행을 닦음. 끊고, 갈고, 쪼고, 갈고.

이름 모를 꽃

길 있어 혼자 가며 외로울까
풀벌레 노랫소리 들려온다
길 쫓다 길 잃을까 해지기 전 서두는데
개랑 너머 눈에 띈 낯선 꽃
길을 막아선다
가만히 들여다보니
님 없어 그리울 때 만났던 그 꽃이라
그때도 이름 몰라– '이름 모를 꽃' 이라 했었지
향기라도 묻혀갈까 서성이는데
살짝 고개 숙인 소담스런 송아리 꽃잎,
살포시 어루만지듯
한 송이 시집에 꽂아 넣고
가는 길 재촉한다
키 키우는 마지막 누운 해 그림자
손으로 흩어놓은 듯한 그 빛깔
그리움의 빛깔이네

(시작노트)

길 따라 걷다가 작고 얕은 개울을 만나 바지 걷고 걸으려는데 산들바람에 방긋이 웃는 꽃들이 무성하다. 어릴 때부터 눈에 익은 그 꽃은 이름 모를 꽃이 되어 내게는 언제나 그리움으로만 남아, 옆에 낀 시집에 넣어 향기라도 가져가고 싶었다.

낙엽

낙엽 하나 발밑을 굴러오는가 싶더니
바람에 더 멀리 굴러가 버린다.
꽁무니 바람이 돌아서는 듯
다시 다가온다

지나칠 때에는 고운 맵시에
노란 물들이고 갔는데
되돌아 올 때는 세월에 잎새가 찢겨졌네
갈 때도 말없이 가더니,
올 때도 말없이 다가와
언젠가 이별했던 친구처럼 무표정한 얼굴

뽀얀 먼지 갈 바람
뒤도 안 보고 흩어지더니
늦가을 총각바람 불어
낙엽을 몰고 이리저리 휩쓸고 다니네

잠시, 그림자를 제 집 삼아
찢긴 세월 씻어도 보고
갈증난 목마름으로
떠돌이 바람 타고 길 없는 길 다시 떠난다.

(시작노트)

세월과 함께 가는 인생길에 늘 기쁜 일만 있을 수 있던가?
한치 앞을 알 수 없는 세월 속의 낙엽 한 장 같은 우리네 인생.
마지막 희망에 목말라 누군가 도와주는 이 없나 기다려도 보건만 인생의 거친 '떠돌이 바람' 에 휩쓸려, 낙엽은 '길 없는 길 다시 떠난다.' 라고 끝을 맺으면서 시를 짓는 내내 마음이 우울했다.

여정(旅程)

말 없어 가는 줄 몰랐었는데
바람 앞세워 가는 곳마다
새털 같은 세월인 줄 알겠다.

한 번 지나가면 다시는 뒤 돌아보지 않으니.
끝없는 길 떠나는 나그네 여정(旅程)
바쁜 걸음은 뒤돌아볼 틈도 주지 않는다

귓불을 가볍게 스치는
강 너머 살랑바람 따라가면
흐르는 세월을 낚을 수 있을까,
슬며시 왔다가 쫓으면 도망가고
외면하면 멈춘 듯 소리 없는 세월,
지팡이 삼아
시작도 끝도 없는 그 길을 간다

수줍은 듯 소리없는 색시비 맞으며
이름없어도 살갑게 웃어주는 들꽃과 함께 가련다
여우볕이라도 반기며
들꽃 향기를 따라 고독을 짊어지고 달콤한 향내에 취해
그 길을 기꺼이 걸어간다

(시작노트)

세월은 뒤로 가는 법 없이 활시위를 떠난 화살처럼 앞으로만 나아가니 잡을 수도 없고 그저 그 뜻을 알고 같이 속도를 맞춰서 갈 수밖에 없다.
흐르는 세월의 무상함을 탓하면 무엇하나, 그저 하루하루 나에게 주어진 삶의 무게를 적당히 분배하여 짊어지고 가는 수밖에 없지 않은가?

* 살랑바람: 바람이 가벼이 부는 바람, 조금은 추운 듯한 가벼이 부는 바람.
  나향 이기순 선생의 시집('타조 발을 밟은 참새')에 나오는 詩語.

피안 1.

바람이 따뜻해 윗 저고리 벗었다.
어젯밤 별빛이 그리도 밝더니
하루종일 그 넓은 하늘에 잔 구름 하나 찾아볼 수 없다

구름 하나에 또 하나 몰려들어
회색빛이 짙어가는데
벗은 옷을 다시 입고는 늘솔길 따라 뛰고 있다
쉬어가던 종달새 하루
여기저기 앉아있던 친구들 하나 되어 줄지어 집에 간다

드센 바람 귓가에 스치며
뛰는 걸음 무엇이 급하나
그래 봐야 차안(此岸)인데,
가고 또 가면 산이 있고 들이 있고
그 너머 피안까지 가게 되나?
피안 너머는 어디인가

영원히 잊혀질 곳 너머 그곳으로 가리라
내 쉴 곳으로

(시작노트)

부질없이 바삐 서두르는 우리네 인생이 뛰어봐야 부처님 손 안에 있다. 바쁜 걸음 한 박자 늦춰가며 생로병사, 희로애락 그 어떤 것도 괘념치 않는 피안으로 들어가고 싶은 갈망을 그려 보았다.

* 피안(彼岸): 이승의 번뇌를 해탈하여 열반(涅槃)의 세계에 도달하는 일, 또는 그 경지.
* 차안(此岸): 생사의 세계로 이 세상.

피안 2.

가시나무에 붙은 애벌레가
머리 들어 하늘을 본다

인고(忍苦)만이 아닌 또 다른 탄생의 기쁨,
처절한 몸부림으로 허물을 벗고 기어나와
영혼의 해감을 토해낸다
이승에 해 끼친 적 없어
이대로 죽는다 해도
하늘이 초록빛 명지바람 보내주겠다

실비라도 내려주면 지친 몸 말갛게 씻고
뒤에 오는 가시버시에 보금자리 내어주며
비나리 전해 주겠다

미리내의 밝은 빛 하나
차안(此岸)에서 피안으로 가는 다리 비추어 주면
느린 걸음이라도 마음만은 갈 수 있겠지.
피안을 넘는 하늘의 잔물결 물비늘이
이승에서 쏘아주는 초록별의 마지막 인사일까?
한 손으로는 이승에서의 작별을,
다른 손으로는 피안의 끈 놓칠세라
꼬옥 쥐고 떠난다
윤슬의 찰랑이는 물비늘이 물안개 되어 사라진다

(시작노트)

인고의 세월을 살아가는 가시나무에 붙은 애벌레는 만삭의 허물 벗음으로 맑은 영혼을 담은 새 생명으로 거듭 태어난다. 이 세상을 살아가는 우리의 인생도 이처럼 인고의 모진 세월을 거쳐 자신만의 행복에 도달했을 그때가 이승에서 피안으로 넘어가는 단계가 아닐까.

* 비나리: 축복의 말
* 윤슬: 햇빛이나 달빛에 비치어 반짝이는 잔물결.

가을 예찬

구름도
가을이면 더 잘 익는가 보다
잔걸음 떼며 뛰어가던 봄구름 보다
갈지(之) 자(字)로 가는 가을구름은
훈풍에 건너오는 해거름을 준비하며
열정의 탱고를 추는 여인네 같다

가을 서산은
길게 누워 빨간 선혈(鮮血)을 토하는 석양에
한껏 잘 익은 98 年産 펜폴드(Penfold) 와인 같고
잘 삶아진 토마토 모양 푸욱 익어 간다

길가에 떨어진 낙엽 한 장을 날려본다
가을바람은 낙엽 날리며 단풍들어
빨갛고 노란 얼굴로 동네 총각 유혹하는데
가을이면 향내가 더 짙어지는지
향香에 취한 여인들은 이미 향수가 필요 없다

나무는 실바람에 낙엽보라 몸 터는데,
밟기만 해서도 만지기만 해서도
아니된단다
가을엔 모두가 시인,
詩에 취한 나무 한 그루
가을의 낙엽은 떠난 듯해도
시인의 맑은 영혼으로 다시 태어난다
가을은 정겨운 시의 계절이다

(시작노트)

5월 중순이다. 호주의 가을은 남반구라서 3월부터 5월까지이다.
가을을 맞은 지가 엊그제 같은데 벌써 가을과 작별의 아쉬움을 노래해야 한다. 가을이 떠나기 전에, 다시 만날 날을 기대하며 아쉬운 이별을 그리고 다가올 그리움을 만지면서 섭리로 만들어진 구름, 석양, 바람, 낙엽과 어우러진 가을을 보고 시상을 갖지 못한다면 어찌 시인이라 할 수 있을까?

가을 소리

개오동 나무(楸)에
가을이 들었다

톡 떨어지는 소리,

솔방울 도토리 은행 세 알이
가을을 싣고 왔다

올 가을 방울 속에는 어떤 향취 담겨있을까
예쁜 색 골라가며
한아름 주워 보려는데
가는 길 발밑에 떨어진다.
반가운 친구의 안부를 묻는 것처럼.

가을은
향기로 오는지
색으로 오는지
소리로 오는지
우체부 아저씨에게 물어보련다

(시작노트)

향(香), 색(色), 음(音). 가을에 떨어지는 솔방울, 도토리, 은행들은 바람에 실려 오는 가을 향기와 적, 황, 갈색 빛으로 물든 단풍과 더불어 가을이 오는 느낌을 '소리'로 친근하게 들려준다. 나무에서 떨어지는 방울 소리에 귀 기울이니 그리움에 젖은 친구의 편지를 전해 주는 우체부처럼 반가웠다.

아름다운 우리말 1.
-외국어 같은 순 우리말-

우리 말은 세상에 만들어진 말 중에서 부르기에 가장 예쁘단다. 기원전 700~300년 정도에 삼한시대 때부터 쓰기 시작했다는데, 주로 이름으로나 전해 온다지? 순 우리의 아름다운 말들이 사어(死語)가 돼 가는 것을 보면 내 눈앞의 꽃나무가 죽어가는 것을 보면서 물 한 번 비료 한 번 주지 못하는 자괴심과 아픔을 느낀다.

예쁜 우리말을 골라 놓으면 남산이 낮다 하겠는데, 순 우리말 중에서 외국어 비슷한 것들만 흥미로워 모아봤다. 그 뜻들이 얼마나 예쁜지 내 사랑하는 딸자식들 같다.

미스코리아 선발대회의 진출자 이름들처럼 너무 예뻐서 한데 모아 불러본다. 1번 나린, 2번 나르샤, 3번 다흰, 4번 달보드레 ……

얼마나 아름다운가? 나만의 생각일까? 한글 만든 세종 시대에도 제대로 대우 한 번 못 받아 온 우리 글이 이제는 개나 소도 다 하는 인터넷에서 청소년들이 쓰는 말들을 보면 앞날이 캄캄할 뿐, 문자 메시지와 인터넷에 부호도 즐겨 쓰고 말도 줄여서 짧게 쓰다 보니 있던 말도 녹아 없어지고 있는데, 이미 사어(死語)가 된 것은 차치하고라도 매일 같이 죽어가는 이 말들을 어떻게 살려 볼까?

더구나 해외에서!

미친 짓인가? 밥 먹고 할 일도 없다 하겠지. 2세는 말할 것도 없고 1세들이 데리고 간 1.5세들도 먹고살기 위해 필요한 건 영어 뿐이고 영어만 잘하면 OK! 그래서 기러기 아빠 엄마가 득실득실하는 한국에서도 영어제일주의이고, 외국에서는 더더욱 영어 최고주의에 우리 한국말은 어디로 갈 것인가? 슬프고도 애석하다. 바다에 다 빠져 죽어버릴까? 차라리 한국말이 없으면 영어로만 쓸 수 있을 것이 아닌가.

자식들은 기본 한국말도 모르고 영어로만 커 가는 것을 지켜보면서 한숨만 푹푹 쉰다. 이미 죽어 버린 말들을 살린다는 게 죽은 자식 불알 만지는 꼴이기만 할까? 사람들은 예쁜 미인을 좋아하지. 미인이나 시어나 예쁘긴 마찬가지야. 나는 예쁜 시어들을 찾아 아름다운 시를 써서 나락 끝에 떨어져 가는 시어의 제동맥(臍動脈)을 이어주어 한국어 살리는 '살림이' 가 되고 '지킴이' 가 되어야지.

돈 한 푼 나오지 않는 일이라지만 내가 나를 위해, 내가 너를 위해 오늘도 시간 가는 줄 모르고 한글사전 속의 예쁜 말 골라 모으다가 먼동이 터 오는 걸 보고 또 하루가 지나간 걸 알았다. 이렇게 밤은 또 하얗게 새어 버렸다.

나린 : 하늘이 내린
나르샤 : 날아오르다
다흰 : 흰 눈꽃같이, 세상을 다 희게 하는 사람
달보드레 : 연하고 달콤
듀륏체리 : 늦게 얻은 사랑스러운 딸자식
라온제나 : 기쁜 우리
맛조이 : 마중하는 사람.
미르 : 용
베론쥬르 : 배신을 당한 여성
사나래 : 천사의 날개
수피아: 숲의 요정
타니 : 귀걸이
푸실 : 풀이 우거진 마을
푸르미르 : 청룡
초아 : 초처럼 자신을 태워 세상을 비추는 사람
해류뭄해리 : 가뭄 후에 오는 시원한 빗줄기
혜윰 : 생각을 뜻하는 우리말
흐노니 : 누군가를 굉장히 그리워하는 것

(시작노트)

* 제동맥(臍動脈): 태아의 배꼽 구멍을 통하여 탯줄 속을 지나 태반과 잇대어 있는 핏줄.

아름다운 우리말 2.
- 열두 달-

새날이 밝았다.
한 해를 기원하는 소리가 곳곳에서 우렁차다.

해솟음달 일월(一月)이라,
해 솟는다 해돋이 보러가자,
동네 어귀 삽살개도 졸린 눈 비비며 따라나서네

시샘달 이월(二月)이라,
오는 춘삼월 시샘하는가,
시샘 많아 미움받다 날짜를 빼앗겼나

물오름달 삼월(三月)이라,
앵두나무 활짝 피니 앵월(櫻月)이기도 한다지
겨울 벗은 우물가 여인네들 웃음소리 요란하네

잎새달 사월(四月)이라,
살 터진 나뭇가지 뚫고 새잎 돋아
잔인한 달 사월이려나

푸른달 오월(五月)이네
설익은 여름 맞은 달이라 어딜 봐도 연푸름 뿐이네
봄을 이별하는 달이라 눈물 어려
미음(微陰)이라고도 부른다지

누렷달 유월(六月)이 왔네
장마에 우박이 오는 달 유월인가
누리가 우박이라네
주렁주렁 넝쿨 호박 농부님들 애가 타네

견우직녀 해후하는 칠월(七月)이라네
물이 오른 더위 타고 태극부채 춤을 추네
노모의 모시적삼 사이로 시원하게 부채질해 줄까나

타오름달 팔월(八月)이 왔네
이글이글 태양이 타오르다 못해 터질 것 같으니
열대야로 지새는 밤 하루 이틀이던가
풀피리 부는 벌레들도 덥다고 잠 못 이루며 야단일세

열매달 구월(九月)이네
뜨거웠던 햇살 덕에 잘 익은 아람 송아리 곡식과 오색과실
열매 잘 익었나 보고 또 만져 보고, 싹슬바람만 피해 다오
장승께 비나이다

하늘연달 시월(十月)이네
단군할아버지 국조 할아버지 세상을 연 달이라.
시월 삼일은 우리나라 잔칫날 어찌 소홀할 쏜가

미틈달 십일월(十一月),
동짓(冬至)달 추운 겨울이 다가왔네
화롯불 피워놓고 다정 연인 마주앉아 긴긴 밤 무엇하며 지새울꼬.
못다한 얘기 일찌감치 불 끄고 만리장성이나 쌓아볼까

매듭달 십이월(十二月) 섣달,
엊그제 열린 듯한 열두 달이 이리도 빨리 갔나
섣달, 그믐날에 잘못된 맘 반성이라도 하면 사나래가 해님 들어올려 첫 동살에 희망 가져다주겠지.
'행운을 주소서!', '호산나(hosanna)', '자비를 베푸소서'.
내일은 언제나 새날로 다가와 나에게 희망을 품게 한다.

(시작노트)

일 년 열두 달의 순 우리말의 신조어의 아름다움에 도취되었다. 이 말들을 돼새겨 봐야겠다는 마음에 잘 익을 시어(詩語)의 씨를 놓아 본다.

* 사나래: 천사의 날개.
* 동살: 새벽에 동이 터서 훤하게 비치는 햇살.

시인의 길

살아 숨 쉬는 것에 감사를 드리고 사는가
지구가 돌고 있다는 사실을 잊고 살지는 않는가
부모 이전(부모미생전본래면목) 내 살던 곳 어디라고 생각해 본 적이 있는가
단군 이래 이 땅에서 지새운 수많은 날들이여
말을 하고 글을 짓고 살던 영겁의 시간 들이여
찬란한 우리 말이 없었더라면 벙어리가 되었을까 귀머거리가 되었을까
외래어에 파묻힌 슬픈 오늘이여
영어에 벙어리 귀머거리로 가득한 슬픈 땅이여
수천 년을 한자(漢子) 수만 자에 힘들어 하고 등이 휘고
35년의 일본말에 나라 기둥 뽑혔고
오늘은 영어를 못해 발을 동동거리니 한반도 반쪽이 흔들린다
구르는 발소리에 지구 축까지 뒤틀리려나, 한반도를 벗어나
미국으로 캐나다로 호주로 뉴질랜드로
세상에 한가지 소원만 빌라고 하면 무어라 할까?
자식 잘되게 해 달라고, 그 다음은?
한국말 잘하게 해 달라고? ?아니, 단군님, 세종대왕님.
영어만 입 트이게 해 주소서! Yes, 오! 주여!
영어 좀 알아듣게 해 주소서! Yes, 오! 부처님! 마호메트님!
빌고 빌어 호산나(Hosanna)! 영어 잘하게 해 달라고 빌어.
이제 한국말은 어디 있고 한글은 또 어디로 가나. 암흑기에도 잘 버텨 낸 우리말 우리 글인데, 스스로 항복하고 영어에 굴복하는 것인가?

영어를 지껄이지 못하면 바보가 되어 버리는, 영어에 살고 영어에 죽는 세상이 되었다.
그래 다 가거라. 부부가 떨어져 살아도 그만 애오라지 한마음, 기러기 남편 홀로 남겨두고 자식은 '영어에 미치라' 고 옆에서 발광(發狂)하는 한반도의 슬픈 영혼들이여.
'한국말' 을 지켜주시는 혼(魂)이시여!
우리말 홀대하는 불쌍한 영혼들을 용서하소서. 무릎 꿇고 사죄하나이다.
글 쓰는 이들이나마 밤 가고 동살 나오는 줄도 모르고, 내일 할 일 오늘 해야 되는 줄 아는 맑은 영혼 되어, 몸은 이국(異國)에 있더라도 내 어머니 유산인 말과 글 소홀하지 않고 외래어로 뒤범벅된 혼탁한 세상에 미약한 붓 들어 한글의 르네상스를 꽃 피워 보렵니다.
부모님이 떠나가신 그 길이 그리워 좇고 또 좇아가 보면 '부모미생전본래면목', 자리 만나고, '우주 최초의 빛' 을 거슬러 올라가 내 쓰던 말 모두 찾아 맑은 뜻 만들어진 그 소중함 고이 간직해 오늘로 돌아오렵니다.
원컨대 시신(詩神)에 미쳐 우리말 되살리고 아름다운 시를 심는 시인이 되도록 한얼의 힘을 주소서!

(시작노트)

이민생활에서 한글사전을 접한다는 일은 별로 없을 것이란 생각이 든다.
나 자신도 20년 넘는 해외생활에서 한국말은 그런대로 쓰고 있지만 순수 한글에 대해서는 무지해 그나마 알고 있는 것들도 그 잘난 영어에 가로막혀 잊혀져 가고 있는 것은, 고국을 잊는 듯이 살아온 데 대한 호된 대가(代價)일 수 있어 자책하고 있다.
요즘 글을 쓴다고 한글 사전을 뒤지다 보면, 우리 순 한글이 얼마나 아름다운 글인지를 알게 된다. 이 아름다운 글을 유산으로 남겨준 선조의 넋이 홀대(忽待)받고 있는 현실에, '한글을 지키라'는 선조의 명령이 천명으로 들려 58세 지천명의 나이에 시신((詩神)에 미칠 듯이 열심히 글을 남기려 한다.
부귀도 권력도 명예도 나 자신의 본질을 찾기 위한 몸부림이기도 하다.

* 부모미생전본래면목: 父母未生前 本來面目,
부모가 태어나기 이전을 거슬러 올라간 본래의 참 마음자리로 우주 원초. 여기서 부모란 부모라기보다는 '우주의 원초적 상태'.
* 한얼: '한'은 '하나' 또는 '큰'의 뜻. '얼'은 '정신의 줏대'.
여기서는 '큰 정신적 줏대'로 새겼다.

별비에 젖어

스쳐간 시상에서 밤새 달빛만 쫓다가
별빛에 젖어 축 늘어진 어깨를 두드린다
그만 자라 하는 아내의 손길,
아울러 따라온 라떼(Latte) 향기는
멈추려던 시작詩作을 돋구나
끝내지 못한 시는 접어두고
또 다른 시상에 손놀림을 이어간다.

별비도 졸린 듯 지새는 달 보고
그만 가자며 구름에 몸 감추는데
은은한 커피향은 식고
밤새 젖은 별비 詩는
동살 기운 받아 시나브로 일어설 때
아내의 눈씨는 행간을 따라
미음으로 살포시 입술을 뗀다.

하얀 밤 지샌 시가詩歌는
마음속에 깊어 가는데,
입가에 애잔히 흐르는 청음은
시작에 잠 못 이룬 몽상의 나를 깨우며
또 하나의 생명으로 태어난다

(시작노트)

밤새 시를 짓다가 날이 새 버리기가 일쑤이다. 커피를 가지고 곁에 왔다가 익어가는 시를 보고 읊조리는 아내. 밤은 하얗게 새어 가는데, 마침내 아내는 시를 받아 들고는 피로도 잊은 채, 속으로 읽다가는 작은 소리 내며, 음악을 곁들인다. 미음으로 시작한 詩는 낭랑한 낭송으로 새 생명 되어 태어난다.

* 미음(微吟): 시가(詩歌)를 작은 소리로 읊음.

메트로빅(Metrovic)

두둥실 민들레 꽃씨 하나, 머나먼 길
구름 따라 바람 타고 태평양 건너왔다.

이국(異國)땅 호주,
물 설고 땅 설은 인고(忍苦)와 질곡(桎梏)의 세월들
힘 아니들었다면 거짓이고 허풍이지
살아야겠다는 〈정신〉을 놓친 적 없었고
피곤하고 지치면 〈건강〉하다 최면을 걸었고
괴로운 일 있을 땐 〈즐거운 일〉 생각했고,
행복을 느낄 땐 〈의심〉해 나를 경계했고
언제나 뒤에는 사랑하는 〈가족〉과 〈친구〉있어
사는데 힘든 줄 몰랐네,

비가 오면 오는 대로 가물면 가문 대로
내가 가는 길은 오직 하나
〈한국인의 기개〉 보여 주고 싶은 것.
다 죽어 없어져도 남는 것 하나는
대한건아의 〈자존심〉, 이 땅에 남기고 싶어.

나 오늘 예까지 온 것은
모두 사랑하는 가족과 친구들 덕이지.

인생 육십은 적은 것은 아니지만 많은 것도 아니야
화갑(華甲)에 망칠(望七)을 지나
칠팔십(七八十)도 청로(靑老)라는데
지금 내 나이는 청년기 아직도 한창 일할 나이.
대한의 장기영과 메트로빅(Metrovic)은 큰 걸음 힘차게 걸어갈 것이다.

(시작 노트)

건설회사를 하는 장기영님의 개원식이 있었다. 한국인으로서 호주 건설업계에 뛰어들어 개척한다는 것은 결코 쉽지 않은 일이다. 특유의 뚝심과 강한 자존심 그리고 사랑하는 가족과 친구들이 어려울 때 큰 힘이 돼 주었다. 2009년 5월 16일 개원은 그의 제2의 탄생이다.
장기영님은 "축시가 화분 몇 개 보다 낫다"며 "가보(家寶)로 가지고 있겠다" 고 하면서 활짝 웃었다. 지금도 잘 보관하고 계신지?

노랫바람

창문을 열었더니
구름 뚫고 내려오는 햇살
어제 마신 술기운에 무거운 몸
기지개도 힘들다

어디선가 바람결에 들려오는 맑은소리
귀 기울여 소리 들어보니
오래전 듣던 노랫바람
살며시 다가와 흔들리는 맘 잡아준다

몸 무거운 햇살은
어느덧 아침 상큼한 바람 불러와
심술궂은 구름을 밀어내고

환한 햇살
빗금으로 쏟아내며
뻥 뚫린 가슴 속 파고든다

(시작노트)

* 노랫바람: 노래를 싣고 오는 바람. 시어로써 자작하여 사용해 보았다.

제3부 마음의 등불

사랑회

우리 언제 만났던가, 사랑회 만들기 전에.
얼마나 오래 만난 인연이기에
만나면 이리도 반갑고 즐거운가
건강한 몸과 보듬는 맘 우리는 예그리나

맥주와 라테 향미 속 뒤풀이 이야기는
온새미로 웃음바다
멀리서 시샘하듯 눈길 보내는 앵무새,
오늘따라 심술 맞은 카카투(cockatoo)
큰 날개 휘이 젓고 훌쩍 날아간다

이제는 낯설지 않은 이구아나(Iguana), 오늘도 변함없이
4번 홀이 제집인 양 가는 길 막아서고
티샷한 공 힐끔 한번 쳐다본다

10번 홀 지날 때면 눈치 빠른 토끼 녀석
귀 쫑긋 세워, 지나갈 때 떼어주는 먹거리
이리저리 눈치보다 살그머니 가져가며
"공 잘 치세요"

오늘도 화창한 날씨, 굿샷
공은 멀리 정확하게 온 그린에 원 퍼트!

'사랑회' 란 이름처럼 영원히 사랑하자고
우정은 눈에서 마음으로
푸른 잔디는 더욱 짙푸르다

(시작 노트)

2007년에 Wakehurst Golf Course 여성 골퍼들 9명이 '사랑회' 라는 이름으로 모였다. 이 골프장은 시드니 국립공원 안에 있으면서 맨리 댐과 남태평양의 맨리 앞바다가 바라보여 풍수지리적으로도 좋은 기를 받으며 산수(山水), 바람, 골프의 세 가지 멋을 즐길 수 있는 곳이다.

햇무리

함께 걷자는 약속도 없었는데
우리는 만났다
이른 아침 햇살을 함께 받고 싶어서.

아침이 늦을세라 서둘러 오른 해님
땅의 소리 듣고 싶고
내 얼굴도 보고 싶어 앞당겨 튀어오른다.

신발끈 조여맬까 허리를 숙이는데
송곳처럼 따가운 등 뒤 햇살에
서둘러 일어나 친구 손 잡았다
손이 촉촉해 아침이슬 만졌나 물어보니
햇무리가 손에 내려와 젖었단다

대기(大氣) 뚫다 수증기에 비춰진
빛깔 고운 동그라미 테두리가
내 모셨던 교황이 오셨나 눈부시다.
친구는 어서 가서 약수 마시자며
몽안(夢眼)에 잠긴 나를 보며 빙그레 웃는다

(시작노트)

한국의 친구들과 전화로 오랜만에 우정을 나누던 아침, 반가운 마음으로 밖으로 나갔다가 햇무리를 만났다. 오늘 단비를 몰고 오려나 하는 반가움이 들면서, 1984년 지근(至近)에서 모셨던 교황(요한 바오로 2세)의 눈부시던 모습이 핫무리와 겹쳐졌다. 도산 안창호 선생은 우리 민족이 힘들수록 〈빙그레 웃는 얼굴〉을 해야 한다고 밝은 얼굴을 강조하셨다. 이 말을 마음의 지표로 삼고 있어, 거울을 볼 때마다 빙그레 웃으려 노력한다.

* 햇무리: 햇빛이 대기 속의 수증기를 비추어 해의 둘레에 동그랗게 나타나는 빛깔을 쓴 테두리.

남이섬

친구의 메일을 받았다.
태평양 건너 친구에게 마음으로 전화를 걸었다.
잘 있다는 목소리

보슬비 내리던 1971년 어느 날
봄 숨결이 배어있는 남이섬에 갔던
그때,

친구와 나는 세월을 뒤로 돌려
꿈을 꾸듯 그곳으로 갔다

나룻배는 초록빛 물살 가르며 왔건만
나보다 앞서 온 세월은
어서 가자 재촉하며 손을 내미는데,
세월보다 더 귀한 친구 있어
먼저 가라 손짓하며 길 비켜주었다.

그때 저었던 나룻배,
강물과 세월은 가고 없지만
가슴속 우정은 세월만큼이나 농익어가고 있다.

(시작노트)

1971년 친구들과 남이섬에 놀러 갔었다. 다정했던 친구들과의 추억이 새록새록 피어났다. 세월보다 귀한 건 친구들과의 추억. 좋은 친구들. 꿈속에서도 만나면 여전히 반갑다. 세월이 가도 우정은 변하지 않는다. 가끔 전화해 보면, 목소리도 변함없고 우정은 세월만큼이나 더욱 익어가고 있다. 남자의 우정은 돈으로도 못 사는 법이라던가!

무임승차

하루가 길지 않다.
한나절 빈둥대다 허기진 배 탓하며 먹을거리 찾는다
하루가 너무 짧아
시간 가는 걸 지켜보다 나의 길이 끝나는 곳
저 모퉁이 돌면 바로 있는 건 아닐까
시드니 가을 창밖이 쌀쌀하다.

불혹 고개 넘어선 것이 지난달 같고
반 고개 지천명도 엊그제 같은데
가는 세월에 무임승차한 채 내릴 곳 몰라
무심코 동행하다
오도 가도 못하는 신세 되는 건 아닐지

물에 젖어
한 걸음이 천근이고 두 발 떼기가 만 근이다.
사십 대에 화백 등단하는 이도 있다는데
화백 탈출해야지
답은 하나,
'자신을 홀대하지 마라.'

(시작노트)

시간 가는 것이 무섭고 소름 끼칠 때가 있다.
가는 세월 잡을 수는 없다. 그러나 그저 바라만 보기에는 태어난 내 삶이 너무 아깝다. 그런데 일찍이 화려한 백수로 등단(?)한다면 그런 마음은 더 할 것이다.
자신을 홀대하지 않는 것, 자신의 삶을 존귀하게 여기는 마음이 자존심이다. 자신을 잃고 스스로를 홀대한다면 하늘도 도와줄 방법이 없을 것이다.

* 화백: '화려한 백수' 라고 회자되는 말.

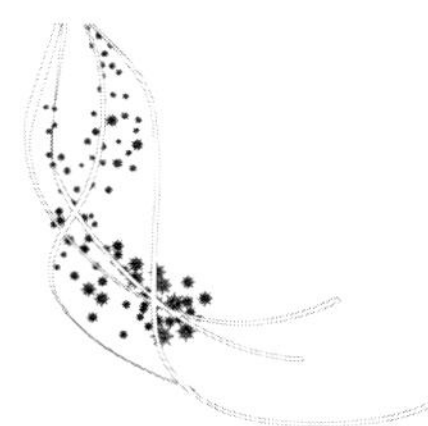

일석이조(一石二鳥)

문(門)밖 질주하는 차 소리
바삐 출근하는 사람
짐 실어 나르는 사람
아침시간은 어딜 가나 바쁘다.
땅에 떨어진 햇살을 주우려는지
모두들 분주하게 움직이고

걷기를 즐기는 뚜벅이들,
건강을 위해서, 기름값 아끼려고,
러시아워 피하려고,
일터로 나가며 산책도 즐기는 일거양득의 지혜,
'돌멩이 하나로 새 두 마리를 잡는 셈'.

아침공기 담은 걸음은
머리가 맑아지고
낙엽소리 온갖 새소리,
풀냄새 꽃향기 담장을 할퀴듯 감싸 오르는 등나무,
운 좋은 날이면 파란 하늘에 뭉게구름까지 친구가 된다

걷는 길목에서 만나는 사람들.
홍콩 싱가폴 작은 공원에서 보았던
중국 할머니 할아버지들의 타이치(Taichi)
시드니 공원마다 자리를 틀고 있다
미수(米壽) 넘어 장수(壯壽)라도 거뜬하겠다.
눈인사 나누며 걷는 아침,
사는 멋을 배운다

(시작노트)

하루를 바쁘게 시작하는 현대인의 삶 속에서 한가로운 산책은 꿈 같은 일. 가끔은 차를 놔두고 적당히 걷는 출근은 건강도 얻고 자연도 즐길 수 있다. 보통 때 무심히 지나치던 자연과 인간이 어울린 참모습과도 벗할 수 있어, 바쁜 도시생활 속에서 망중한(忙中閑)을 찾을 수 있는 삶의 일석이조 지혜이다.

* 장수(壯壽): 90세, 구순(九旬).

새벽잠

되고를 수없이 해도 끝나지 않는 밤
이젠 됐다 싶어도 손 볼 곳 많아
펜을 들어 다시 지웠다 쓴다

자구字句 하나 찾으려고
눈이 뻘겋다 못해 찌르듯 아프고
허리도 쑤시는 걸 느낄 때면
시드니의 샛별이 눈을 반짝인다.

한숨 자면 나을까
새벽에 잠드는 것이 익숙해져만 간다.

잠을 청하려다
물길 찾다 샘 터지고
고생 끝에 금맥 터진 것처럼
기막힌 시감이라도 터지면
푸르내에 물 흐르듯 어깨도 가벼워
단숨에 두세 편을 매듭짓고
신열身熱을 다 잊는다

호졸근한 몸은
막 솟으려는 아침 해를 달인 양
새벽잠에 빠진다.

(시작노트)

좋은 어휘 하나라도 찾아 시로 보듬는 과정이 때로는 처절하다. 내게는 좋은 시감이 대개 한밤중에 나오니 잠자는 것을 잊을 수밖에 없다.
피로한 줄도 모르고 오로지 좋은 시 한 편에 목숨 걸다 새벽잠에 들어서야 손을 놓는다.

코리안 루트

산이 있어 오르려는 사람들이 있다
끝없는 도전은 인간의 본능인가

험준한 산일수록 그 자태 아름답고 성스럽다
그 몸짓이 사람을 유혹한다
가까이 다가서면 심술과 변덕으로
홀로 고독을 즐기려는 산은
악마의 성인가 미목수려한 여인인가

누구나 오르고 싶어하는 곳
"세계의 지붕 최고봉인 에베레스트"
산이 주는 이야기, 언제나 끝이 없는 세계는 넓다

에베레스트의 남서벽 등반
사전오기의 집념은
정상 폿대에 태극기를 꽂았다.
〈코리안 루트〉.

그의 등정을 도왔을, 영원히 잊지 못하는
먼저 간 친구들의 영령과 함께……

(시작노트)

2009년 5월 20일 '코리안 루트(Korean Route)' 라고 명명된 이 코스가 위대한 한국인 박영석 대장과 그 팀에 의해 개척되었다. 그러나 그의 가슴속 기쁨은 반 뿐, 나머지 반은 먼저 간 동료에 대한 아픔이었을 것이다.

마음자리

해 솟음으로 시작되어
해짐으로 끝나는 세월
마음속에 넣어 둔다.

마음자리 공부할 때 해가 솟고
공부 마칠 때 해가 진다
온종일 질 줄 모르는
마음공부 이렇게 시작된다

마음의 중심은 단전에,
남의 입장을 거울로 나를 보듯 하고
우주 안에 내가 있어
삼라만상과 하나 되고
어렵고 힘든 일 모두 잊고
한마음이 되어야지

고요한 마음자리,
돌을 던지나 물 한 방울 튀지 않고
아무것도 없는데 우주가 들어있어
내 마음도 거기 있다

해가 져 어두워도 마음의 등불은
꺼지지 않는다

(시작노트)

마음공부는 태어나 철들어 가면서 인생관이 무엇인지에 의문을 품었던 17살 때부터 지금까지 영원한 물음표 속 진행형이다. 오늘까지의 지식 위에 썩지 않고 잘 익어가는 세월이 주는 경험을 합하면, 합용병서(合用竝書)의 지혜가 되리라. 너와 나 다른 것 같아도 합하면 하나 되어 삶의 공통분모 되니 사실 우리란, 둘이 아닌 '하나' 이다.

몽환(夢幻)

아침 1 교시 수업은 지각이다.
전차를 타려고 힘을 다해 뛰었다
베트콩 호랑이 선생님
방망이 찜질은 모면할 수 있을까

시험을 보았다.
60점 이하면 매를 맞는데 60점 이하란다
나는 죽었구나
뇌리를 스치는 독사 같은 독어선생

군대에 입대한다.
삼 년을 복무해야 한단다
제대한 지 언젠데 왜 또,
아 지겹다. 지겨워.

내가 타고 가던 비행기가 고장이 났다.
산산이 부서지고 만다, 처참하게, 무기력하게
내가 죽었다.
생과 사가 하나라는
현학적 지껄임이 방정스러워 요절했나?

그런데 이 모든 것들이
꿈이어서 다행이다.

(시작노트)

꿈은 생시처럼 생생하기도 하다. 꿈 속에 있을 때는 꿈인 줄 모른다.
고등학교 시절 너무 무서운 선생님인 괴물 독어 선생님으로부터 매를 맞은 것이 지금껏 잊혀지지 않아 꿈 속에라도 나타나면 깨어나고자 허우적거리며 발버둥친다. 오죽했으면 독어를 독어(毒魚)라고 부른 적이 있었다.

팔요일

초록 햇살 머금은 애벌레 사는 넝쿨담장
아무 소리도 들리지 않는다
들리지도 않으니 보이지도 않는다.
가만히 눈 감으면 무언가 들리는 듯 보이는 듯
모두를 다 잃어도 마음마저 잃을까 두렵다
마음마저 잃으면 갈 곳도 빌 곳도 없다
눈 귀 가진 칠요일 사람은
하느님을 위로 믿기만 열심이고
다시 월요일로 돌아간다,
땅에서는 목소리만 우렁차다

팔요일 사람은
미소 가득 마음에 매듭지어
하느님과 친구 되어 만난다
너 나 생사 승패 남녀 유무는 집착의 때.
거울 날빛에도 보이는 것 없이
팔요일에 모여 미리내를 헤엄쳐간다.
바람에 창문 두드리는 키 큰 꽃대 손짓에
이슬에 어룽진 풀잎도 몸 흔드는
팔요일은 이십오시만큼 여유롭다

((시작노트)

마음으로 보고 듣는 것이 두 눈과 두 귀를 가진 것보다 낫다는 것을 그려 브았다. 칠요일로 살아가는 보통사람들의 오감과 육신에의 의지를 뛰어넘어 칠요일에 하루를 더한 팔요일로 살아가는 '마음만이 존재하는 세계'를 그려보려 했다.
하느님을 우렁찬 목소리로 불러 모시는 것보다는 조용한 마음으로 부르면서 늘 다정하게 친구처럼 대할 수 있는 사이가 되길 원했다.
영화 속에서 맑은 영혼을 가진 조지는 미소를 잃지 않고 살아가지만 받아들여지지 않는 7요일의 현실에 끝내 죽음을 택한다. 보통 8요일의 개념은 8요일의 창조 즉 예수의 부활을 뜻하는 한편 폐쇄된 인간성 재생을 의미하는 요일로 해석되기도 한다.

25시

또 왔다
치열한 쫓고 쫓기는 추격전은 한 삼분 이어졌고
승자는 그놈이다. 도무지 잡을 수가 없다
나를 비웃는
가무잡잡한 새끼파리 한 마리
잡았다 싶어 탁 치면 죽은 채 하다가
부활한 듯 살아 움직인다.
오늘도 또 나타났다
살며시 돌아보면 자취를 감추고
어느 틈에 또 나타나 눈을 반짝인다

생과 사는 종이 한 장 차이, 생이 죽음이 되는 건 찰라
인연을 보았다
같은 생명으로의 만남에서
살상의 매듭 풀고 친구 연(緣)으로
마주보자

파리의 세수는 나보다 짧다
하루 스물네 시간의 생명은 같다
그도 살아 움직이고 있다
24시를 넘어 25시 축복의 생명으로 날고 있다.

(시작노트)

내 서재에는 아주 작은 파리가 날아다니곤 한다.
너와 나 우리는 하나이다. 사람과 자연도 하나 되니 우주 속 미물도 나일 수 있다는 생각에서 생명존중의 중요성을 자성해 보며, 24시 안의 미물의 생명을 내 손으로 다치게 하고 싶지 않은 마음에 그와 나의 만남을 인연이라 생각해 보았다. 나로부터 벗어난 그 미물은 24시를 넘어 25시의 생명으로 날고 있는 것이다.

어머니 숨결

달력 한 장 또 찢겨나간다
어머니 가신지도 벌써 육 년 반.
"네 아비 더 살아봤자 밑으로 동생만 더 생겼겠지"
푸념하시던 모습 아련하다

나 어렸을 때 잘못한 건 생각 않고 아이들 나무랄 때면,
"얼굴이 빤히 쳐다보인다"

당신 뜻에 거슬려 마음 상하실 때면,
" 내 다 알아봤어, 죄 소용없어"

저편 서산 넘어가신 2002년 겨울
"사람 사는 게 잠깐이야, 꿈꾸는 거 같애"
중환자실에서 내 손 놓고 떠나셨다.

세월 가면 아르곤같이 잊혀지는가 싶어도
가끔 꿈길 모퉁이에서 손 흔들며 안부 전하는
어머니,
해돋이 웃는 햇살 흰빛으로 나오셨다
해거름 석양빛 아름다운 시간,
서산 못 넘는다 턱으로 산 받치고, 그래도 못다 준 정,
한번 더 보려 하신다.
기일 되면 마음의 불 밝혀 오시는 길 비추는,
백 살이 되어도 그리울 어머니!

(시작노트)

부선망(父先亡). 어머님은 35세에 청상이 되었다.
얌전하신 아버지 만나 백 년 해로는커녕 함께 사신 건 십수 년. 일찍 개가한 전쟁 과수 올케들처럼 되기 싫어서 재혼하지 않고 자식 지켜 주신 어머니!

* 김칠순(金七順) 여사: 1920.7.4.~2002.12.2.

하루

맘껏 펴는 아침 기지개,
시간가는 소리 들어가며 아침을 몰고
자동차에 몸을 싣는다

해가 중천에 떠 점심시간,
하루 가는 소리 석양빛 다가옴을 알린다
해거름은 하루를 그리는 마지막 모습,
붉은 노을 곁에 두고
자연과 인간 어울린 몸짓이 저무는 해 속으로 모두 잠긴다

서산마루 붉은 발 거느라 살긋대는 해님
어느새 발목 잡혀 검은 그림자 내리며 하루를 잠재운다.

저녁 냄새에 피로가 녹을 때
찬서리 문바람 들어와 두꺼운 가디건 걸치고
종이 한 장에 하루 삶을 적어본다

향 깊은 커피와 불타오르는 신열은
오늘 밤 영혼의 물 또 얼마나 퍼 올릴까
흰 종이 속 시어들로 가슴에서 그림 그려
화중유시(畵中有詩) 시가(詩歌) 한 편,
꿈속 걷고 있는 아내 머리에 꽂아주고 싶다.
밤은 익어가고 내일이 다가온다.

(시작노트)

하루를 바쁘게 지내다가 저녁에 들어와 시상을 살리고자 저물어 가는 석양을 눈과 가슴에 담아둔다.
'그림 중에 시가 있다'는 화중유시(畵中有詩)로 시를 지으면서, 해님도 깊은 잠에 빠진 밤은 깊어만 가니 하루의 등짐 여기서 풀고 고단한 몸, 시 속에 담그면 어떨까?.

* 살긋대다: 한쪽으로 배뚤어지거나 기울어지게 자꾸 움직이다. 또는 그리되게 하다.

가슴 속 이야기

들릴 듯
들리지 않는
가슴속 묻힌 이야기

그대로 남아 있으면
한恨 되어 썩어가나
한 사람이라도 마음 열어
들어줄 이 있다면
눈 틔우고 귀 열고 가슴 들어
추운 밤하늘 어둠 뚫고 온
혜성의 살찬 별빛이 된다

외로워 그리워 몸부림 사무치면
이슬과 달빛에 영혼을 적신 샘물
조롱박에 담아
잠자는 머리 위에 살며시 놓아두면
온 방안이 사랑에 잠기고

어제 그림자 따라가며
지은 시 한 줄
날빛 좇다 사랑 되어
꿈길 걷는 나를 감싸준다

(시작노트)

저마다 가슴속에 한 가지의 고민거리는 가지고 있지 않을까? 좋은 일이든 나쁜 일이든. 때로는 내 눈을 보며 귀로 듣고, 가슴으로 함께 울고 웃어줄 수 있는 사람을 찾게 된다. 어디에 있을까? 바로 내 옆에 있고 또는 이미 내 마음속에 들어와 있다. 첫째는 나 자신, 둘째는 내 그림자, 셋째는 내가 쓰는 시(詩)이다. 모두 변하지 않는 영원한 나의 친구이다.

먼저 가신 임

세상에 왔다 떠나신 임
그리움이 연기처럼 이어졌다 사라져
그냥 바라만 보니 걸 그리움 될까 두렵다.

어머니,
자식을 생명보다 더 앞세워 힘 다하고는
굽은 등 약한 다리 넘어질까
엉금엉금 기다시피 벽 짚던 모습
일 년 내 복대를 멍에처럼 옭아매고
일찍 떠난 남편 삶까지 사느라
고로롱 팔십 넘기셨다

아버지,
얼굴도 모르는 네 살 갓난아이 남겨놓고 떠나
빛바랜 사진도 이젠 추억 속에 아련하다
시인 같다던 당신 모습, 자식이 시인되어
못내 부정父情을 시로써 쓰고 싶어
떨구고 간 삶의 무게 들어주지 못한 안쓰러움,
어머니 만나 따뜻이 맞아 주셨을는지

(시작노트)

평생 아버지라 불러본 기억 없이 살아왔다.
일찍 홀로 되신 어머니는 생활력이 여느 남편 못지않으셨고 또한 자식들도 강하게 키우시려고 애썼다. 모든 어머니들처럼 근검을 덕목으로 알고 알뜰하게 어려운 살림을 잘 꾸려가셨다. 아버지에 대한 나의 기억은 사진 한두 장과 불도(佛道)에 대한 메모형식의 글귀 몇 점들 그리고 입으로 전해 들은 추억의 이야기가 전부이다.

한국의 혼

더 멀리 높고 빠르게
지구를 뜨겁게 달구는 스포츠
태극문양 가슴에 얹고 한국의 혼 심은 그대
우리 감격에 벅차 눈시울 붉힌다

호랑이 발이 되어 멀리 빠르게,
독수리 날개 달고 하늘 높이
오늘의 승리는 그대의 것

항일 스포츠 선봉 마라톤 한국의 얼과 자존심
불모지대 역경 속 꿋꿋이 지켜온 그대
어찌 한국의 맥을 끊으랴

88올림픽 이래 스포츠강국 꽃피운 영웅들
황금다리 차범근 유럽과 세계에 한국의 힘 알리고
맨발투혼 박세리 IMF 극복의 횃불
2002 월드컵 붉은악마 세계 4강 위대한 업적
세계가 놀란 야구, 박태환 장미란 우리의 희망
은반요정 김연아 세계
산소탱크 박지성 축구역사 선구자

대~한민국 짜작작 짝짝~
대~한민국 짜작작 짝짝~

스포츠로 모아진 은근과 끈기의 기상
신바람 타고 세계 호령하라 한국의 혼(魂)이여!

(시작노트)

일제 강점기에 항일정신으로 싹튼 한국 스포츠는 해방 이후 날로 발전하여 각 분야별 뛰어난 스타들이 국민영웅이 되어 국가가 어려울 때 이들의 힘이 피와 살이 되었다. 핸드볼, 펜싱, 하키 등 모든 스포츠에서 빛을 내며 우리 영웅들은 기록과 힘뿐만이 아니라 국민에게 가슴 벅찬 감동을 주었다. 이런 우리 선수들의 저력은 바로 우리 민족의 은근과 끈기에서 나온 것이다.

* 무비일색(無比一色): 비길 데 없이 뛰어난 미인, 천하일색.

바다 속 구슬

바다 속 빛 좋은 구슬
세계가 좁다고
뛰고 달린다
한국 호주 필리핀으로

한 번 뛰면 천리요
달리면 태풍 잠재우고

고운 햇살 시냇물 말갛게 씻어내고
살막이 살맛나게 신바람은
해 달 별 구름의 전설이 되어
영롱한 빛 땅에 내리니

초록빛 바다처럼 세상 다 갖는
꿈 이뤄
고고한 바다의 푯대가 되리

(시작노트)

맑고 고운 정토의 덕은 온갖 인고를 녹이고 희망과 기쁨이 가득한 집에 등짐 놓고 시운의 밤을 기다린다. 문재(文才)로 빛날 그날을 미리 축원하며…….

* 살막이: 살풀이.

흔적

알 수 없는 고통
삶을 무겁게 짓누른다
철조망 뚫고 기어오르는 아픔
심장 두근거림을 더하려나

뜨거움이 달아올라 터질듯,
넝쿨 속 모퉁이 피신처에 숨어
땅거미 찾아 지나는 별빛, 달빛 쓸어 담아
일그러진 초승달을 채우련다

세월은 간 곳 없어
뒤돌아 보면 지난 흔적 잔물결들,
조롱박으로
옥액경장 잔마다 가득 부어
세월도 잊고 나도 잊은 채
대취해 보리라

* 옥액경장(玉液瓊漿): 빛깔과 맛이 좋은 술

산사(山寺)의 새벽

발 닿는 대로 간다
시냇물 말갛게 바위 굽이 도는 소리
산새들도 가지에 쉬어가고
오가는 이 없어 지팡이 동무 삼아
한 걸음 두 걸음 세며 간다

이른 돌계단엔 먼지 하나 없는데
스산한 바람에 들려오는 풍경소리

가슴앓이 잊어볼까 찾아온 산사에
내 근심은 내리지 못하고
울고 있는 풍령에 남은 자비 적선하고
벗은 신 도로 신으려 툇마루를 돌아서는데
지나던 방장스님 안부 물음
고뇌의 때 얼룩진 방석을 끌어안고
백팔 배 시작하니
맺히는 땀방울로 생로병사 이승의 때
씻어줄까 빌어본다

마당 쓰는 동자승 업보를 헤어가며 쓸고 있나
구춘구추(九春九秋) 깊은 업보 저 빗자루에 실어볼까
선방풍경(諷經), 목탁소리,
바람에 얹힌 인생이란 화두로
새벽 찾는 나그네에 전해줄 수 있으려나

(시작노트)

산사의 숙연함과 자비 그리고 업보를 생각해 보며……

* 풍경(風磬): 풍령(風鈴), 처마 끝에 다는 작은 종.
* 구춘구추(九春九秋): 구춘은 봄철 90일 동안, 구추는 가을철 90일 동안. 삼춘삼추(三春三秋).
* 풍경(諷經): (선종에서) 부처 앞에 근행하는 일.

기다림

만나기로 했다
서둘러 나선다
하고 싶은 말들 많아 가슴 설레는데
숙취로 무겁던 발걸음이 들뜬 마음으로
새털처럼 가볍다
길가 갈대들이 바람에 밀려와
속살거린다
장미에 안개꽃 묶어 한아름,
오지 않는 님 기다리는 것보다
더한 가슴앓이가 있을까

열릴까 바라보는 눈씨 남이 볼까
차라리 나가서 먼 곳을 바라만 볼까
서서히 젖어드는 안개가, 있던 길도 막아
오지 않는 님 찾아 나선다
가더라도 만나지 못하련만 아니 가면 더욱 못 만날까
무작정 길을 나서본다.
그대가 가는 길, 내가 가면 만나겠지.
만나는 모습이 꿈이 되어
꿈길에서 보았다, 그리고
우린 만났다.

(시작노트)

누군가를 애타게 만나고 싶어한 적이 있었다. 얼굴 한 번 보자는 약속은 물거품이 되고 그리워 애태우는 마음이 미움으로 변하건만 미움으로 남으면 영영 못 볼까 홀로 가슴앓이를 한 적이 있었다. 지켜지지 않은 약속에 속만 시커멓게 타들어 가는데 그래도 꿈에서만은 자유로운 나비 되어 다정히 만났다. 우린 서로 부둥켜 안고 가슴 벅찬 해후를 하고 있었다. 이 시는 아들 정한이를 생각하며 썼다.

제4부 별빛 아스라한 시드니의 새벽

시혼(詩魂)

카페인 향을 쫓으며
별빛도 아스라한 시드니 새벽까지
시간에 내몰린다

하루가 25시간이라도
애오라지 한 시간 덤인 것을
피곤한 육신은 시신(詩神)에 이끌려
손가는 대로 시라고 쏟아낸다

쉬지도 지치지도 않고 걸근대는 시혼(詩魂),
이제는 쉬어야 할 몸에
못다 푼 시감 지웠다 살리고
밀려다 두드린다.

눈까풀 삼박대다 아람 시어 눈에 들면
부잣집 금 파오듯 얼른 가져와
신들린 음악가처럼 흰 종이에 마구 갈겨본다
천여 년 전 시선(詩仙), 시성(詩聖)의
처절한 삶이 배어난 시는
언제나 흉내 내볼까

모두가 잠들었다 일어날 새벽까지
끙끙대며 끼적거린 종이들
무릎을 탁 치고
천의무봉 비단결 한 자락 잡았다며
환희의 기지개 켠다

(시작노트)

* 밀려다 두드리며: 퇴고(推敲). 퇴고란 문장을 다듬고 어휘도 적절한가를 살피는 일.
* 금파오다: 음력 정월 14일(열 나흗날) 저녁 부잣집에 몰래 들어가 흙을 파와서 그 흙을 부뚜막에 바르면 부자가 된다고 함.
* 천의무봉(天衣-無縫): 천사의 옷은 꿰맨 흔적이 없다는 뜻으로, 일부러 꾸민 데 없이 자연스럽고 아름다우면서 완전함을 이르는 말. 주로 자연스럽고 완전한 시가(詩歌)나 문장에 대하여 이르는 말.

들꽃 사랑

이슬 맺힌 정원 속 꽃송이
암수 꽃술 몸 비비며 사랑 내리는
아침 햇살에
낯붉히며 살며시 손 흔든다

이른 서리에 들꽃 한 무더기
깃털 비비는 비익조처럼
잎사귀를 날개 삼아
가녀린 체온 모둠 사랑 엮는다

큰 나뭇가지에 앉은 새들 사랑 얘기나
가지 맞붙은 연리지,
반쪽이 하나 된 비익조보다
절절하게 뜨거운 사랑 나누며
한 몸으로 불살라 들판을 물들이고
뜨거운 사랑 온 누리에 펼쳐내는
애정의 밤꽃이 된다

(시작노트)

남녀의 사랑은 사람에게만 절절할 수 있겠는가? 미물에서부터 연리지 같은 나무, 비익조 같은 하늘의 새들에게서 연인이나 부부의 깊은 정을 느낄 수 있지만, 우리가 모르는 들판의 이름 모를 꽃이 '애정의 화신'으로 밤을 훤히 밝힐 수 있지 않을까!

* 비익조(比翼鳥): 날개와 눈이 하나뿐이어서 암수가 몸을 합쳐야만 날아갈 수 있다고 한다. 문학에서뿐만 아니라 미술품에서도 비익조는 남녀간의 지극한 사랑을 의미한다. 비익조는 중국 숭오산에 산다고 전해진다.

* 연리지(連理枝): 한 나무의 가지가 다른 나무의 가지와 맞붙어서 서로 결이 통하는 나무. 동종의 나무에 있지만 드물게는 이종의 나무에도 있다.

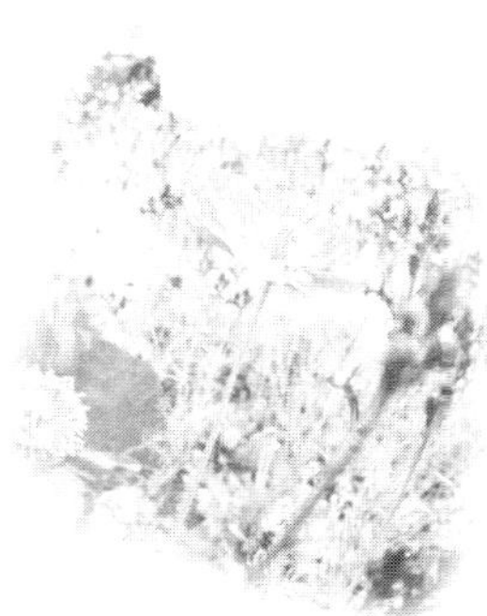

카타르시스

조용히 창문 여니
찬바람이
얼른 안겨들어 뺨을 더듬으며
명지바람으로 몸을 섞는다

나만의 비밀스런 기억 속
진정 내게 그런 사랑 있었던가
지그시 눈 감아 추억을 더듬으면
밀려오는 환상이 나비 되어 춤을 춘다

진한 사랑은 끈끈한 아교처럼 뇌리에 꽂혀있고
거꾸로 가는 시계의 유혹에 빠져
기쁨 가득한 절정의 순간들이
환몽(幻夢)으로 살아나서

세월 간 만큼이나 농익은 애절한 몸짓,
목숨 바치고 싶었던 진실한 사랑
가슴 파고들며 울고 또 울어버린 사랑
알프레히트 백작의 지젤 사랑 넘어
죽더라도 차마 못 잊을 사랑은
언제나 샘물로 솟아난다.

(시작노트)

누구에게나 비밀스런 사랑 하나쯤은 가지고 있지 않을까? 생활의 청량수처럼 때론 그리워하며 애절했던 그런 사랑. 세월 가며 잊혀지기보다는 새롭게 되살아나 아마 눈을 감는 그 순간까지 그리워할 수 있을 것이라 생각된다.

* 지젤 (Giselle), 고전 발레. 독일 라인강 계곡 시골처녀 지젤과 그녀에게 반해 평민으로 변장하고 찾아온 알프레히트 백작과의 사랑 이야기.

오월을 떠나요

음악에 마음을 맡겨본다
오월은 마지막 인사를 하고 지난 세월 속으로
떠나간단다
시간이 또 그렇게 나를 삼켰다.

시드니의 오월은
봄꽃이 만발하지 않는
겨울로 가는 길목의 늦가을
거리는 온통 마른 낙엽들
나무들은 겨울로의 여행에 몸 털기 바쁘다
하루가 다르게 소슬해
두꺼운 스웨터가 생각나고 따뜻한 히터가 그리워진다
행복이 묻어나는 오월이었다
세월은 떠나가도 행복한 기억은 가슴에 남는 것
오월이 더욱 그리워질 것 같다
새로운 친구 유월이 한 달의 여정을 동행하지만.

(시작노트)

유난히 바쁜 오월이었다. 문득 달력을 보니 오월의 마지막 날임을 알았다. 그냥 보낼 수 없어 늦은 밤이지만 난로를 가까이하고 두꺼운 옷을 챙겨야 하는 시드니의 겨울. 유월을 맞이하려 마음 추스르는 밤이다.

풋대

너무 아파서 만져보았다
찢어지는 가슴을 보았다
마구 훑어댔다
세상의 끝이 어딘가
미련도 없다
세상이 나를 부른다
그러나 뒤돌아보고 싶지 않다
멀리서 들리는 소리,
너는 누구냐
나대로 갈 길이 있어 뒤를 보지 못한다
세상이, 세월이 나를 원하는 곳으로 끌고 갈 뿐이다
서서히 그리고 멀리 사라지고 있다
대지의 숨결 내뿜는 안개 속 바다 위를 나는 걸어간다
나를 부르는 풋대를 향하여

(시작노트)

술을 많이 마시고 들어왔다.
숨김없는 마음속에 무엇이 들었나 마음 가는 대로 손을 움직여 보았다. 아침에 일어나 읽어 보기로 하고 끝을 맺었다. 심안(心眼)이 어지러운 것이 그대로 반영된 듯하다. 열심히 살아가려는 마음이 가득하면서도 마음 한구석에는 현실의 등짐을 버거워하고 찌든 것을 피하고 싶어하는 모습이 비치고 있다.

우주를 향하여

호랑이 등에 타고 단숨에 넘은 시드니
독수리 날갯짓 몇 번
호주 하늘로 치솟아
보고 싶은 사람들
모두 모여라 목청 높여 불러본다

좋은 인연 시드니도 좁다
만나면 그리움 잊고
뛰어본다 손잡고
날아본다 날개 붙은 호랑이무늬
비익조처럼.

사랑하는 그대여
호주 다문화 백 년을 넘어
한마음으로 모였다

이십 대 열정으로 뛰어오르고
삼십 대 정열로 불사르며
사십 대 넘치는 성숙미
오십 대 지혜의 에너지 담아
육십 대 번뜩이는 예지로
칠팔십 대 보듬는 사랑 꽃 피워
만개한 꽃향기 문화그릇에 익힌
뜨거운 에너지,
우주를 향하여 비상하자
멋진 친구들! 〈고려문화포럼〉이여!

(시작노트)

안암골에서 동문수학하던 인연을 바다 건너 호주에까지 가져온 사람들.
다정한 벗이 되어 사랑과 우정을 나누면서 한마음 되어 뭉쳤다. 문학과 예술을 아우르며 호주에 사는 다문화의 지혜를 나누고 배우는 모임을 발족하게 된 것이다.

취옥(翠玉)

바다에 구슬하나 또로록 떨어졌다.
하늘천사 내려왔다
모르고 떨어뜨린 푸른색 취옥(翠玉)

무색 바다는
하늘빛 담아 푸른 것이 아니고
물감 풀어놓은 듯 천사구슬 녹고 있기 때문
넘실파도 타며 그 푸르름은
겹이 되어 짙어만 간다

지나는 갈매기
날개에 물들이고 싶어 하루에도
몇 번씩 앉으려다 두리번

구슬은 녹아도 불증불감 그대로다
하늘천사 내려오면 따라 오를 구슬이여
푸른빛 바다는
고이 두고 가시게

(시작노트)

넓게 탁 트인 남태평양, 시드니 항을 떠난 파도 하나, 갈매기 날갯짓 벗 삼아 인도양 건너 네 있는 그곳에도 가겠지?
넘실대는 파도의 아름다움은 하늘색 비치어 푸르건만, 깊은 속 구슬 하나 녹고 있어 언제나 그 푸르름은 겹이 되어 가슴 시리다. 때론 충고로, 때론 부드러운 북돋움으로 내게 문학친구 되어주는 정해옥님의 고마움을 잊지 않으며……

첫사랑

하얀 천사 내려왔나
눈가가 촉촉이 젖어있다
첫사랑 설렘을 끌고온 천사
차마 볼 수 없어 뒷모습만 눈에 담는데
까까머리 열여섯 얄개에겐
눈 맞추고 바라볼 용기 없어
한낮의 해바라기처럼 내 눈씨는
차라리 땅이나 하늘이 더 편했다

수줍어 보지 못한 상상의 황홀경에
천사가 하늘 되돌아갈 날짜
기억에서 지우고 싶어
함께 가진 시간을
요술단지 속에 넣어 두고 싶었지

첫사랑 향내 몰래 꺼내
일 취(臭)에 땅이 솟아 잠든 심장 깨우고
이 취에 마음 열려 사랑 막 드리우니
삼 취에 요동치는 열풍 세상이 다시 보여
왜 살아야 하는지 알게 하였다

기억 한 켠 첫사랑 풋내음은
꺼지지 않는 마음속 등불되어
비밀의 향내로 피어 오른다

(시작노트)

고등학교 이 학년 겨울, 흰색 파커를 즐겨 입던 숙대미대 지망생이 우리 집에 하숙하게 되었다. 가슴 설레던 첫 만남, 그 해 겨울 추운 줄도 모르고 여기저기 함께 쏘다니게 하였다 군 입대 시절, 서울역 앞에서 우연히, 아주 많이 변한 그녀와 마주쳤다. 말없이 귀대 기차에 몸을 싣고 기적소리에 아름답던 첫사랑도 날려 보냈다. 첫사랑은 만나지 말고 소중한 추억으로 간직하는 것이라 되뇌이면서……

거미

비명의 깊은 회한(悔恨)
밤 이슬로 씻어내니
따사로운 햇살이 영롱하다

마른 잎새는 구르는 낙엽 되어도
물기 촉촉한 손짓
잎살 뒤에 숨던 거미 한 쌍에
따뜻한 눈길 보낸다

붉다 노랗게 된 몰골이 삭풍에 떤다 해도
낮에라도 주는 햇빛 감고
이웃나무 가릴까 몸을 비껴선다

허공에 드리워진 실 칭칭 얽어매며
발그림자 남기지 않는 지주(蜘蛛)는
계절도 넘나들며 사는 지혜를 보여주고
나뭇잎 노랗게 떨리던 가지 끝
잎사귀는
거미가 물어다 걸어 놓은 햇살에 더욱 붉어진다

(시작노트)

호주에는 거미가 참 많다. 처마 밑, 나뭇가지 곳곳에 자리 잡고 사람들과 꽤 친숙한 편이다. 소리 없이 나뭇가지와 잎사귀를 넘나드는 거미에게서 추운 인생 겨울을 헤쳐나가는 법과 사랑을 배워 본다.

* 지주(蜘蛛): 거미. (거미 지, 蛛 거미 주).

무욕

아무리 먹어도 채워지지 않는 허기
물 마셔도 해갈되지 않는 갈증
긁어모아 많이 감추어 더 쌓고 싶어
열 손가락만 준 신을 원망해야 하나

더 큰 위를 주어도
또 부족하다 할 식탐
이 세상 다 가져도 가라앉지 않을 욕심에
차라리 다 버리면 가득 채울 수 있는 것을
세상 제일 부자 무아정(無我亭) 주인
선견지혜에 고개 숙이고

대대손손 최부자 삼백 년 이어온 가문
움켜쥔 손 모두 놓고 떠나신 큰 뜻,
만분의 일이나마 배우려는 욕심만은
따라가 보련다.

(시작노트)

* 무아정(無我亭): 지리산 자락에 자리 잡은, 아무나 정자의 주인이 되어 숙식을 제공받을 수 있는 곳이 있다. 청학동 박단골 상투머리에 자리 잡은 모두가 주인인 '주인 없는 집'.

* 최 부자 삼백 년: 1600년대 초반에서 1950년까지 무려 300여 년 12대를 내려오며 만석꾼의 전통을 가졌다. 마지막 최부자 최준(1884-1970)은 결단을 내려 1950년, 전 재산을 스스로 영남대의 전신인 '대구대학'에 기증함으로써, 스스로를 역사의 무대 위로 던지고 사라졌다.

마지막 오 분

아직은 젊은 불꽃 스물여덟
꽃다운 나이에 세상 등지기엔
할 일이 너무 많은데
사형수 되어 마지막 가는 길
천당과 지옥이 눈앞에 있어 고통은 침묵,
인생의 마지막 시간 오 분이 주어졌고
하나님께 감사, 세상과의 작별에 이 분
남은 삼 분의 초 바늘은 비수 되어 가슴속을 헤집는데
겸허한 마지막 순간은
눈에 보이는 아름다운 자연과
이제껏 서 있게 해 준 땅에 감사,
눈물도 까맣게 타올라 말라버리는 이 순간
그동안 귀하게 쓰지 못한 수많은 시간
안타까움은 후회로 밀려든다.
한 번뿐인 인생 정녕 이대로 끊어질 것인가
일 초가 천년의 시간 되어 살을 파고든다
한 번만 더 살 기회가 주어진다면……

꿈 속의 환청인가?
멈추어라, 사형집행정지 명령이 내려졌다.
지난 오 분의 시간 평생 시간 소중함을 간직한 채
매 순간을 마지막으로 알고 소중히 인생을 산
러시아의 문호 도스토예프스키.
촌각을 다투기보다는 소중히 여기며 사는 인생,
어찌 멋스럽지 않을 것인가
인생은 너를 위해 준비된 성스러운 만찬이기에

(시작노트)

도스토예프스키: 1821~1881. 러시아의 대 문호.
사회주의를 지향하다 체포되어 총살형을 받게 되었는데, 극적으로 사형이 중지되고 4년 간 혹독한 시베리아 유형생활을 마친 뒤, 이후 반사회주의자로 전향하여 정반대의 길을 걷는다. 광적 수구세력에 의탁했다 해도 작가로서의 도스토예프스키의 천재성은 부인될 수 없다. 천재성에 어울린 갖은 고초와 번민으로 점철된 그의 인생은 톨스토이와 더불어 또 하나의 러시아의 우대한 작가로 남게 되었다

우주를 넘어서

마음을 울리는 시
꿈틀대는 일필휘지
아름다운 그림, 그리고
가슴을 파고드는 음악소리

문예(文藝),
말만 들어도 마음 설레게 하는
환희의 열정을 펴 올리는 두레질.
행여 영혼의 물 한 방울이라도 흘릴까
옷깃 여미며 조심스레 거두어 올리는 삶의 미학

한 줄 싯귀가 나무에 걸린 달과 같고
한 획 그어지니 오르던 용이 트림질하고
한 폭 그림은 도화지 넘어 장강 만 리에 넘치니
폭포수 같은 감동의 물줄기는 음악의 소리 되어
시(詩) 서(書) 화(畵) 음(音)의 삶!
어느 하나 벗하지 아니한다면, 누구라서
한 세상 머물렀다 할 수 있으리오.

〈고려문화포럼〉.
시드니에 시작의 첫 발
기쁨 희망 축복 담긴 씨앗으로 뿌려지고
인간과 자연을 아우르는 고고한 푯대는
한줄기 빛 되어 광대한 우주를 품으리라

(시작노트)

호주 이민생활을 하며 지적 갈증의 해소와 지혜 쌓기의 필요성을 느끼면서 몇몇 지인들이 학창시절로 돌아가 각자가 공부해 온 것들과 현재의 전공을 살려 발표, 토론할 수 있는, 아울러 음악도 연주하며 와인이나 맥주, 막걸리를 마실 수 있는 모임을 갈망한 지 5년이 지난 오늘, 그 출범식을 조촐하게 맞이하게 되었다. -고려 문화 포럼(Korea Culture Forum)- 출범에 부쳐.

계절 바뀌는 소리

선듯 한기가 느껴지니
계절 바뀌는 소리 몸에 들리고
으스스 손돌바람 한줄기에
겨울인가 정신이 번쩍 든다

한 해가 벌써 갈 채비하는지
묶어두고 싶은 세월은
총총 달음질치며
촌각도 남겨두지 아니한다

은물결 건너 배죽 솟아나온
외딴 꽃잎에 이름 물으니
대대로 이 자리에 꿋꿋이 선
봄맞이 메꽃이란다.

가람은 흘러가 돌아오지 않아도
계절은 다시 찾아오니
찬 서리도 있는 그대로 맞이하라고
속속곳 찬바람에도 몸 흔들며
무시(無時)로 춥다 새살떨지 말라는
인고의 기다림 배운다

(시작노트)

가을에서 겨울 오는 소리가 들린다. 계절이 바뀌면 지나간 계절이 더욱 그리워진다. 세월은 가도 사계절은 원을 그려 제자리로 돌아오니 꿋꿋한 야생화처럼 새로운 계절을 기다리며 겨울 보내는 지혜를 배운다.

그리움

매지구름 밀어내고 찾아온
새하얀 구름 친구들
가던 길 멈추고선
커피 한 잔 들고 나오라 손짓한다

점인가 구름조각인가
까뭇까뭇 움직이는 모습
까만 점은 구름보다 빠르게 지나간다
–비행기

가까이 지날까 기다려보나
아스라이 먼 구름 속으로 빨려간다
인연은 여기까지
제트엔진 소리마저 들을 수 없이
아주 멀리 가버렸다

고개를 돌려보니 앞서가던 길 따라
또 하나의 점이 내게로 온다
손 흔들며 가슴 열어 보여주고 싶어서,
그러나
점은 구름에 묻히고 그리움에 베인 상처도 실어갔다
시드니 석양에 추억 또 하나 남기고…

(시작노트)

베란다에 나가보니 구름이 멈춘 듯 서 있고 멀리 비행기가 점처럼 지나간다. 늘 보는 비행기가 오늘따라 내 그리움 싣고 가는 것처럼 보여 가까이 다가오길 원했지만 정해진 길 따라 구름 속에 빨리듯 멀리 사라져간다.
내 고향 가는 길인지도 모른다는 생각에 형제와 친구 모두가 잠시 그리워지는 아름다운 석양의 초저녁이다.

* 매지구름: 비를 머금은 검은 조각구름.

몇 번이나 더 사랑할 수 있을까

비장도 속이 타면 까맣게 타들어가나
보고 싶은 마음
보이지 않는 속마음,
거울로도 알 수 없구나.

그리움이 사무치면
눈에도 열꽃이 생기는 것인지
가슴에 그리움으로 얽혀있는 사람들
서로 다른 땅에 살고 있으니
보고 싶어 생각날 땐 어찌하나
한국 미국 필리핀 인니 캐나다……,
맑은 사랑 가득 준 그리운 사람들
가슴에 묻고 왔으니
미안한 마음 언제나 절절하다

소리쳐 이름도 불러보고
노래방 노랫말 따라 읊어도 보지만
아려오는 마음은 가슴에 쌓인다

세월은 가고 없어도
사랑은 가슴에 켜켜이 쌓여 있어
영원히 지워지지 않는 화인火印들
이제 몇 번이나 더 만나고 사랑할 수 있을까
사무사思無邪로
견주어보다 손등 위 눈물 떨군다

(시작노트)

호주에 이민 온 지도 20년이 넘었다. 고국을 잊는 듯해도, 생각할수록 더욱 그리워지게 하는 것은 내 부모 흔적이 담긴 곳이요. 형제 친구들이 살아 숨 쉬는 곳이기 때문이다. 시를 지으며 마음을 달래보지만 그래도 이제 몇 번이나 더 만날 수 있고 사랑할 수 있을까 생각하니 애절한 마음에 눈물이 흐른다.

*사무사(思無邪): 진실하다는 말. '생각에 사념(邪念)이 없다'는 공자의 시 삼백 수의 표현.

화룡점정

마음을 그릴 수 있을까?
하늘을 보고 있노라면
내 마음속 그림이 저러했으면 한다.

파란색 바탕에 새하얀 구름들
흰 날갯짓하는 앵무새가 타고 가는 바람
끝도 보이지 않는 하늘 길, 점찍는 비행기
떠오르는 태양은 솟아나고
구름은 강태공 배처럼 낚싯줄 내리며
취한 듯 이리저리 움직인다

다시 그려보는 하늘 속 이야기
아름다운 시어가 붓이고 물감 되니
맑고 고운 천상(天上)의 모습
남김없이 그려내어 화폭에 담고
마음에 점을 찍는다
화룡점정, 눈에 보이지 않는 순수(純粹)의 점을

(시작노트)

"마음을 그릴 수 있다면 어떤 그림이 나올까?"
창문 너머 보이는 맑은 하늘에는 해, 구름, 달, 별, 새들이 어우러져 있고, 땅에는 흙, 강, 나무, 꽃, 사람, 동물들이 있어 하늘의 그것과 조화되어 우주와 자연을 이루고 있다. 마음자리는 하늘과 땅 사이에 서 있는 사람의 가운데 있는 마음, 곧 우주의 한가운데 있는 그것이다. 이것을 그리려는 욕심이 인생의 화두이기도 하니 언제 마음자리 화폭에 화룡점정 할 수 있을까?

서울

서울에 비가 온단다
내 친구가 좋아하는 비 오는 서울
마음을 달래주는 단비 되어
겹겹이 쌓인 미진의 인고(忍苦)
어지러운 마음 쓸고 가는 꽃비로
매지구름 비 물고 왔다 뱉어내는 소나기로

구수한 흙내음 싱그러운 꽃잎
소나기도, 때로는
친구처럼 반가우리

삶처럼 뒤엉킨 줄 장미 잘라내어
돋아나는 장미 새순에
새 길 터주니
어여쁜 담장에 영롱히 뿌려지는 햇빛
작은 창가 싱그럽다
둥지 속 새들도 빗소리에 취하여
단잠 자는 서울의 오후.

(시작노트)

친구로부터 메일을 받았다. 몇 해 전 건강이 나빠져 몸고생은 물론 마음고생도 심했던 나의 오래된 벗, 갑작스런 육체의 고통을 마음공부 삼아 큰 산봉우리의 장벽을 넘어온 친구, 손도 불편한 그가 보내준 담백한 시 구절이 마음을 찡하게 만든다.

노루막이

기어오른다
아픔인 줄 알았다면 오지 않았다
운명의 고지를 그저 가야만 하는 줄 알고 달려온 길
산 정상에서 내려다보니
오른 길이 험난해도
가슴에 벅찬 희열이 번진다

흐르는 물줄기가 보인다
누군가 노를 저어 가는지
강 길 따라간다

전할 말 듣지도 못했는지
물에 매질하듯 노를 젓고 또 저어간다
자세히 보니,
그는 바로 나였다.

아! 그가 나를 느끼지 못한 것이지
나는 나를 보고 있었다
벼랑 끝 노루막이에서

(시작노트)

사람들은 자신의 인생을 향하여 열심히 뛰어간다. 너무 숨막히게 바삐 달려가 자기 자신을 되돌아보지 못하고 스쳐가는 경우가 대부분일 것이다. 멀리 산꼭대기에서 세상 아래를 내려다본다면, 어디론가 달려가는 모습, 노 저어 강을 건너는 모습 그리고 산을 기어오르는 모습 등을 볼 수 있을 것이다. 나는 종종 거울에 비추어진 나의 겉모습만을 보려 하지 않고 꾸미지 않은 진실한 나의 마음을 보려고 노력한다. 그 누구도 속일 수 없는 내 마음의 본질을 다시 한 번 생각하면서.

*노루막이: 더는 갈 데 없는 산의 막다른 꼭대기. 노루는 내리막길을 잘 못 달리기 때문에 꼭대기가 막다른 곳이 된다.

마음콩

잠시 머무르다 떠났다 해도
그 향취는 남아있어
알 수 없는 기운에 마음만 어지럽다

사랑만 두고 갔는지
떠난 듯해도 끈끈한 마음이
거실에도 서재에도 곳곳에 스며 있어
진한 향수로 마음 한자리에 놓여있다

일주일에 한 번은 메일을 쓰고
한 달에 한 번은 전화로 안부 묻건만
서로 만날 날 손꼽아 헤아리는데
그날은 언제쯤일까

피를 나눈 것은 아니지만 형제가 따로 있나
한 콩 속의 둘은 아닐지라도
마음은 떨어지지 않아
마음 콩 속에 둘이 들었다

그리워만 하다가 심안(心眼)에 물으면
동그라미 그리며 웃고 있다
이성계와 이지란 처럼

(시작노트)

2007년에 1년간 호주에 교환교수로 오신 이해용 교수님 부부와의 깊은 인연을 한 마음의 콩깍지에 두 알의 콩이 되는 의형제의 연으로 늘 가슴에 새기며 그리워하고 있다. 매월 보내 주시는 안부 편지는 이민생활의 외로움에 청량제가 되어 나를 붙들어 준다.
이해용 교수는 '이지란' 어른의 청해 이씨 후손이시다.

커피향에 취해 보세요

그대 눈 속엔 달콤하게 춤추는 커피향 있어요
촉촉이 젖어가는 그대 눈망울에 빠진 듯
향 음미하며 사랑한다고 속삭여 보세요
함께 있는 순간이 영원 같다고
꿈틀대는 라떼(Latte)향내
우리 영혼도 쉬게 할 수 있나요

두 손 꼬옥 잡고 풀밭길 걷다 벤치에 앉아
새실대는 그대 입에 눈 맞추고
배시시 웃는 입가에
살짝 입맞춤하면 발그레지는 낯꽃에
꽃들도 부러워하네요

감미로운 음악이 흐르고
꽃들의 합창에 빨갛게 요동치는 그대 숨결
내 마음도 그렇게 물들곤
짙은 커피향 속으로 빠져드네요

사랑은 시가 되어
진한 커피향 함께 보랏빛 하늘을 물들이네요

(시작노트)

사랑의 시는 커피향, 촉촉한 연인들의 눈빛, 감미로운 음악으로 익어가고 가벼운 입맞춤으로도 얼굴 붉힐 수 있는 그들의 순수(純粹)- 그 존재 하나만으로도 세상은 살만 한 가치가 있는 것이 아닐까! 커피를 마시며 하늘을 사랑으로 물들이고 싶은 어느 하루

제5부 비우고 채우고 갚으며 살리라

청파동 추억

어머니 세 살 때 오셨다는 곳
오랜 추억 정겨운 내 고향,
푸른 언덕 효창공원 맑은 숲
어린 소나무
성인이 되어서야 떠났던
김 구 선생의 얼이 담긴 곳

삼촌 이모 사촌들 모두가 이웃으로
용산 제일 백 년 대가족
외할머니 돌아가신 이래 사촌들
우애로 꽃피운 '청파회'
모두가 부러워하는 사랑의 한우리

시드니에 있는 몸
청파회 기념패에 담긴 사랑과 그리움으로
청파동산 어린 소나무 추억하며
깊은 향수 달래본다

(시작노트)

어머니가 세 살 때 오셨다가 2002년 돌아가실 때까지 평생을 사시던 청파동에 그립고 보고 싶은 내 형제자매 사촌들이 지금껏 살고 있다.
늘 푸른 소나무처럼 변함없는 우정의 모임이 지속되길 축원 드린다.

친구 낙엽 되어

우기(雨期)에도 잘 견뎌낸 나무 한 그루
겨울 삭풍이 못 견디게 추웠나
여름내 무성했던 잎사귀들
서둘러 다 털어내고 떠나니
사랑하는 사람들 서글퍼 어찌할까

고통과 아픔 견디기 어렵다고
아랑줄 잡고서 저 멀리 간다니
보내주고 싶지 않은,
그 모습

고향 앞 흐르는 강물 소리
흐느끼며 흐르는데
산기슭 양지바른 곳에
비석 하나 세워놓고 흙집 지은 친구여
내 가슴에 무덤 하나 솟았다네

(시작노트)

2008년 11월 26일, KAL에서 10년 동안 함께 비행생활을 같이했던 마음씨 좋았던 친구가 세상을 떠났다. 호주에 있어서 떠나가는 그의 마지막 길에 함께 있어 주지 못해 더욱 가슴 아프다.

안암에서 호주까지

신설동 길따라 안암동 가는 길
다복솔 어린 대학생
역사도 모르면서 무슨 일 하겠냐고
싸구려 금테안경 끼고 판자촌 교양학부
낭만을 피워내던 1971년
배움터는 시절 잘못 만나
지성과 야성보다 사회정의 부르짖어
민주를 먼저 배우고
자유 정의 진리의 끓는 혈기는
최루탄에 눈물 흘리며
한라에서 백두로 이어갔다
세계가 좁다 하며
만주 땅도 우리 것 태평양도 양보 못하는 기상
광개토대왕 염원(念願)따라
호주까지 왔구나
한국 혼 있는 곳 어디 내 영토 뿐이겠는가
호주에 뿌리박은 한국정신,
한국문학으로 꽃 피우리

(시작노트)

1971년 대학에서 "역사란 무엇인가?"에 심취하다가 제3공화국 독재타도를 외치며 방황했던 안암골 추억들. 세상이 좁다 하며 호연지기로 동서양 오대양 육대주 대한항공에 몸을 싣다,
1987년 말 고향 떠나 호주로 이민 왔다. 호주 땅에 한국문학을 열정으로 키워 한국으로 전파하여, 한국 혼 담긴 문학의 꽃 피워 나가련다.

* 다복솔: 가지가 다보록하게 많이 퍼진 어린 소나무.

미리별

아버지!
오랫동안 불러보지 못했습니다
생전 사랑한단 말 한 마디
말하지 못한 후회
가슴속 옹이로 앉아있어요
자식의 뒤편에 그림자처럼 따라다녔고
받는 사랑에만 익숙한 욕심 많은 자식에게도
늘 말없이 사랑의 눈으로 적셔준 아버지
겨울바람에 당신은 웃옷마저 벗어주셨지요

아버지!
그 옹골진 마음 명지바람으로 불어와
지난겨울 한없이 따뜻했는데
겹겹이 내리받은 사랑 되돌려 드리고파
허공 속에 반짝이는 별빛 좇아가니
당신은 깊은 향내 머금은 따뜻한 영생의 꽃
그린나래 나비가 되어 은하수 건너는 당신
가슴속 품은 사랑
오늘 밤 미리별로 반짝이는 당신을 불러봅니다
아버지!

(시작노트)

KAL 스튜어디스 동우회 회장을 맡아 2년째 봉사를 하고 있는 김형숙님의 아버지에 대한 그리움과 사랑의 마음이 담긴 글을 읽은 적이 있다. 나 또한 아버지에 대한 그리움을 내색 못하고 자란 터라 내 아버지께서도 우주를 밝게 비추는 미리내의 사랑 가득한 별이 되셨을 것이라 생각하며 잠시 가슴 뭉클해진다.

사랑갚음

사랑은 주는 것,
받는데 익숙한 나는 바보
받은 사랑 모두 어디 있나
이리저리 두리번 오십여 년
창문 밖 비치는
빗살무늬 햇빛 하나하나가
사랑임을 이제야 알았다

길가다 꽃 한 송이 꺾어주는
향 깊은 친구의 우정
흔들리는 바람에 손 마주 잡고 포옹하는
정 깊은 형제의 우애
내 살 섞어 불태워도 또 태우고 싶은
연 깊은 부부의 보듬는 사랑
피 주고 살 깎아 주는
부모님의 내리 자식 사랑
그리고
태초부터 마음깊이 들어와 호흡 속에 살아 숨 쉬는
조물주의 끝없는 사랑

받고만 살아온 사랑을
비우고 채우고 갚으며 살리라

(시작노트)

사랑은 하나라는 말이 있다. 사랑을 둘로 나누면 그만큼 작아진단다.
그러나 사랑의 실체는 베풀면 없어지는 것이 아니라 나눠 준 만큼 끊임없이 채워지는 것이다. 사랑과 도는 비우려고 하면 할수록 자꾸 채워진다. 특히 하늘 우주로부터의 사랑은 무한히 채워지는 것인데, 쓰면 닳을까 아까워서 마음껏 주지도 못하고 살아온 삶이 후회와 반성으로 돌아온다.
인생 반 고개 넘어 60에 손 닿으려니…… 이제라도 참뜻 깨닫고 사랑 갚는 '베품이'로 살고 싶다.

* 2008년 KASA 음악회 이름이 "사랑갚음 음악회"이었다. 사랑 갚는 모임으로 사회봉사 활동을 하고 있는 이들에게 존경의 마음을 보낸다.

산

해가 잠드니 산도 잠든다
잠든 산은 까맣다

멀리 반짝이는 별빛이 보초인 양 서성인다
가로등은 소우(疏雨)에 졸던 낯 씻고
미처 잠 못 이룬 풀벌레는
고뇌 다 짊어진 듯 구슬피 울고
깊은 잠에 빠진 새들, 새근새근
팔 가지 축 늘어트리고 푸근히 잠든 나무, 시근시근
졸졸 흐르며 달콤한 잠에 빠진 시냇물, 쌔근쌔근
산은 단잠에 빠졌다
새근발딱이던 마칼바람도 산세(山勢)에 빨려
산 팔베개에서 잠들었다

아침잠 깨면서 켜는 기지개가
햇살을 들어올리니
해 솟음 되어, 산은
황금빛 옷으로 갈아입고
아침을 맞는다

(시작노트)

늦은밤잠 못 들어 창 밖을 보다가 밤 공기를 쐬러 스웨터를 걸치고 베란다에 나갔다. 모두가 잠든 까만 밤에 외로운 별빛은 고뇌를 씹으려는 시인의 마음에 따뜻한 손길을 주고 싶은 듯 빛을 내어준다.

* 새근새근<시근시근<쌔근쌔근: 잠을 자는 소리의 작은 말<큰말<센말을 '자연의 잠자는 소리'로 묘사해 보았다.

* 소우(疏雨): 성기게 오는 비

* 마칼바람: 북서풍

집착도 놓고

하얀 적삼 위 떨어진 낙화
순정앵혈(鶯血)이 용수처럼 솟아날까
서산에 해 저문다 서러워 마라
객창에 몸 맡겨 쉬다 가련다

세월 무상함 티끌 속에 있어
세찬 들판 바람의 한 점 먼지 되어
이리 간들 어떻고 저리 간들 어떠할까
언젠가 바람 쉬면 머물 것을.

누구나 가는 곳
내 쉴 곳도 여기다

목탁에 풍경소리 애잔히 다가오고
이제 가면 못 오는 길 떠나가는 몸
세월 속 찌든 통한痛恨도 내려놓고
고해 강 건너로 애내성(聲) 부르며 노를 저어
먼저 간 이 만나
이제사 집착 내려놓는다

(시작노트)

반평생 살아 오면서 주변의 많은 사랑하는 사람들이 내 곁을 떠났다.
세찬 이승 세월을 살다간 사랑하는 모든 이들이 편히 떠나기를 바라면서 인생은 '공수래 공수거'라는 평범한 진리의 말을 가슴으로 되뇌어 본다.

* 앵혈(鶯血): 처녀성, 순결의 상징.

* 애내성(애내聲): 어부가 배를 저으면서 부르는 노랫소리.

갈매기

파도에 해초 낀 바위, 길게 드리운 낚싯대
세월을 낚느라고 고기엔 관심없고
지나는 흰 갈매기 쳐다본다

급한 바닷속 빠른 물살
먼길 오느라 지칠만도 하지
입가의 흰 거품을
애꿎은 바위에 토해내니

큰 날개 펴고 날던 갈매기는
파도가 밀려들 때마다
얼굴을 드러내는 바위와 숨바꼭질한다

하나 둘 켜지는 가로등
바다를 껴안은 시드니의 얼굴이 된다

(시작노트)

시드니 동쪽 맨리 앞바다는 일 년 내내 높은 파도와 바람이 드센, 갈매기의 천국이다. 빵 조각을 조금만 던져도 금세 날아와 갈매기들의 먹이 쟁탈전이 치열하다. 가로등이 켜진 황혼의 바닷가 운치는 휘황찬란한 도심의 네온사인보다 더 아름답다.

나그네

갈기슭 넘어 농익은 가을,
나그네의 발길 재촉하는
살천스런 이른 서리에
고개 숙인 꽃대가 애처롭다

땅속 따사한 기운 뽑아 올려
숨어 오른 꽃봉오리

꽃 같은 나이에 만났던 님 생각
촉촉한 속내음
옛 애인 환상은 벌처럼 찾아오고

먼 산 푸른 봉은
세월을 손에 들고 흔들고 섰는데
꽃 앞을 떠나지 못하는 마음
갈 길을 서성인다

(시작노트)

여정 길에 만나는 갈대, 꽃, 벌, 바람……
때로는 옛사랑의 흔적을 환상처럼 불러와 갈 길 서성이게도 만들고 때로는 추억 속에 묻어버린 잊혀져 간 옛 연인의 이름을 되 뇌이게도 만들어 준다. 이것이야말로 자연이 주는 여유의 미덕이 아닐까…….

* 갈기슭: 갈대가 우거진 비탈.

창공에 핀 꽃

창공에 핀 꽃
땅을 치솟아 날아오른다
해와 달 옆에 끼고, 구름은 발밑에 두고
오대양 육대주를 품고 날았다
저 높은 곳을 내 세상으로.

하늘 너머 이방에 있던 시간이
집에 있던 시간보다 많았고
동료와 하늘에서 핀 우정의 시간은
가족들과 보냈던 시간보다 많았다
Korean Air Line
몸 맡긴 창공의 꿈
하늘을 나는 외교관으로
긍지와 자부심은 새가 되어 날았다

구름과 별 타고 넘은 세월 하늘보다 높아
파란 우정과 추억은
어느 꽃보다도 아름다운
평사모와 카사되어 끝없이 날고 있다.

(시작노트)

1977. 12월부터 10년간의 비행생활은 나에게 있어 평생 잊을 수 없는 소중한 경험과 추억 어린 이력서이다. 회사는 젊은 사회 초년생에게 비행기와 승객을 맡겼고 이에 성실과 한국인의 자부심으로 보답했다. 함께 동고동락한 선후배 동료에게 감사한다.

* 평사모: 남자사무장들의 '평생사무장 모임' cafe.daum.net/koreanairpurser.

* 카사(KASA): 여자승무원 출신의 평생모임 kasaa.co.kr

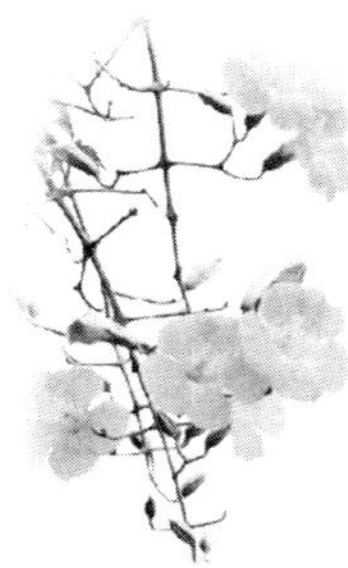

적막의 순간

음악이 흐른다
득음의 혼은 날개 달고
열정의 몸짓 불태우니
내면 가득한 희열의 에너지는
우주를 진동한다
공간을 절절하게 흐르던
카리스마의 손끝이 멈춘다

소리 리듬 박자가 생명을 다하고
하늘을 수놓고 떠난 듯 사라지며
침묵이 흐른다
적막감은 아직 끝나지 않은 피날레.

찰라 같은 적막은
세상의 숨을 끊어
모든 숨이 멈춘 듯
질식의 순간으로
머릿속을 하얗게 만들고,
침묵으로 가득 찬 공백은
긴장과 전율, 짜릿한 환희의 극치…

예술을 넘은 순간
뜨거운 기립 박수는 적막을 깨는 첫 울림으로
공간을 가득 채우며
먼 자락 황홀경에 빠져들게 한다

(시작노트)

열정적인 연주가 끝나고 난 직후 아주 짧은 공백이 있다. 이 시간을 마음으로 느껴본다. 이때의 공백은 잠깐 동안의 침묵이기는 하지만, 단순한 적막함이 아니다. 또 하나의 음(소리)으로 긴장감을 주기도 하고 몸이 오싹할 정도의 전율을 느끼게도 하며 때로는 환희의 극치이기도 하다.
첼리스트 임영주님은 연주가 끝난 후의 공백에서 짜릿한 전율을 느낀다고 한다.

낚시터 가는 길

새벽잠 몰래
아내의 잠자는 모습 뒤로한 채
일찍이 채비하고 나선다

달려가고 싶은 나만의 바다
가는 발길 무겁게 누르는 등짐
별빛도 부족해 달빛이 밝히는 길 따라
고향을 향해 걷다 보면
어느새 닿아있는 그곳

흰빛 뚫고 던져진 갯바위 찌낚시에
눈먼 고기는 걸려들고
늘어진 낚싯줄은 갈매기 친구 되니
고향생각 절로 나서
고향 땅 어디선가 세월 낚을 친구들,
무사(無事) 비는 부모님 생각에
바위에 부서진 바닷물에
눈물 되어 흐른다

(시작노트)

호주에서 인연을 맺은 친구는 낚시의 달인이다. 그 친구 덕에 남태평양에서 건져 올린 무공해 싱싱한 회를 원 없이 먹고 있다. 매번 공짜로 먹는 맛난 회에 보답하는 의미로 시를 한 수 지어 보낸다.

* 낚시의 명인 강경민님이 '낚시단상' 이라는 시를 보내왔다.

낚시단상

강경민

동트는 새벽 바다에 고향을 보며
배낭 위에 낚싯대 엮어 나는 걸어간다

스멀스멀 찌가 내려간다
가지고 온 온갖 걱정 모든 시름
찌를 따라 내려간다

오늘따라 저 파도는 몹시도 사나운데
바다는 바다이되 내 고향 내음이 아니고
갯바위 갈매기도 내 고향 백구가 아니건만

수평선 흰 구름 너머 이민 길 훌쩍 떠난
몹쓸 막내아들을 어머니 영혼은 보고 계실까
어디 계신가 하늘 별 따라가 본다

미움도 원망도 띄워 보내면 그만이고
깊은 바다 용서 바다에 던져버리면 그만인데
스치는 바닷풀이 나 이런가
삶의 영욕(榮辱)이 저 거품이런가

시드니 바위섬 무지개도 예쁘기는 하지만
그리움 품은 추자도 소흑산 친구들은
지금 어디 있을까
스멀스멀 찌가 내려간다

청로문우

바람에 실린 홀씨
구름 타고 태평양 건너
에메랄드빛 바다가 아름다운
시드니까지 왔다

가는 곳 머무는 곳
사랑과 예지 찾아
해야 할 일 많아
칠팔십도 청로라며
세월도 잊은 지 오래,

이제껏 받은 사랑 되갚는 일 위해
혼(魂) 실린 봉사와 두터운 문우지정은
스물네 시간도 부족하다

호주를 등에 지고 태평양 넘어
한국으로 세계로
사랑의 홀씨를 날려 보낸다

(시작노트)

금년 75세의 성원 선생님이 지난해에 출간한 황혼 에세이에 이어 두 번째 옥고(玉稿) "황혼의 그레이스 라이프"를 출간하게 되었다는 소식을 들었다. 아무리 요즘을 청로(靑老)시대라 부른다지만, 성원 선생님의 열띤 열정으로 일구어 낸 것이다.

잃어버린 사랑

한 줄기 섬광이 땅에 꽂히더니
찾은 모래알 한 움큼 쥐고선 솟아오른다
가슴에 불씨 하나 남기고
떠났던 그 아득한 사랑

붉게 물든 마음
제 갈 길 찾아 가버리면
사랑은 어디에서 찾을까

잃어버린 시간은 돌아오지 않고
함께했던 시간들 아직도 안개 되어
되살아나는데
산 위에 올라 외쳐 보면
되돌아오는 산울림뿐
흐르는 강물은 앞만 보고 간다

(시작노트)

모든 사람들의 마음속에는 성취하고 싶은 애끓는 열정이 들어있다. 이 열정은 연인 간의 사랑이 될 수도 있고 또는 정치적 이념이나 사업의 성공 혹은 예술적 충족감이나 종교적 희생과 사랑이 될 수도 있다. 어떤 날은 기억도 아스라한 잃어버린 사랑이 가끔 환상처럼 되살아나기도 한다.

생일

가다 보면 못 보던
낯선 길도 나오겠지만
모든 것은 나를 위한 신의 은총.
한 살을 더 먹어서야 알게 되는
철없는 인생

이른 아침 힘차게 떠오른 태양
빗살무늬 햇살마다
축복의 묘약
따뜻한 그림 속 물결
보랏빛 되어 신의 축복 내린다

해솟음은
태어난 나를 위한 아침의 축포인가
영록(榮祿)의 날개 돋아나 생일 아침을 따뜻하게 감싸니
이 하루는 더 없이 소중한 것
내일도 오늘같이 성스러운 붉은빛,
사랑의 수(繡) 놓으며
붉은 햇살 위를 힘차게 내딛으리

(시작노트)

일 년에 한 번은 맞게 되는 생일. 어제와 오늘의 해 솟음은 모두 같지만, 생일날 맞는 햇살이 더 따사롭고 친근하게 느껴지는 것은 나이를 한 살 더 먹게 되기 때문일까. 햇살 속에 담긴 신의 은총과 사랑을 느끼게 되는 하루이다.

이별은 또 다른 만남

사랑하는 사람아,
떠날 때 그 떠남을
어찌 애석하다 아니하겠느냐만
기꺼이 보내련다
보냄을 기꺼이 보낼 줄 알아야
나 또한 그 길 따라 편안히 갈 수 있어
생을 넘어간 길 나도 간다

만남이 즐거운 것이라면
이별은 슬픈 것인가
만남 다음 밤비처럼 소리없이 오는
숙명의 회자정리(會者定離)
헤어짐만이 남았네

헤어짐이 있기에 또 다른 만남이 있어
이별은 슬프기만 한 것도
절망의 한 자락만도 아니다
늦가을 떨어지는 낙엽,
새 생명 잉태하는 거름 되는데
왜 낙엽을 슬프다고만 노래해야 하나

떠난 사람은 언젠가 반드시 돌아오는
소리없는 바람
이별은 또 다른 만남
더 사랑하기 위한 낯선 몸동작이다.

(시작노트)

일의 시작이 있으면 끝도 있다. 그러나 그 끝도 다시 시작일 뿐. 사람들은 헤어짐보다 만남을 좋아한다. 그러나 영원한 만남은 없다. 만나면 헤어지기 마련이고 산 자는 반드시 멸하여 왔다(회자정리, 생자필멸). 이것은 피할 수 없는 산 자들의 고통이다. 그러나 떠난 사람은 언젠가 반드시 돌아온다는 희망과 믿음과의 메시지가 있어 산 자들을 구원한다.

순리

꿈틀거리는 몸짓,
까만 점이 먼지인가
숨 쉬는 헛김은 보이지 않아도
생급스런 기운에 눈이 아롱거린다

까맣던 점은 움직이지 않으니
멈칫 죽은 체 하는 건가
건드려 보려다 손에 눌릴까
살짝 불어보나 움직이지 않는다
바닥에 붙었는지.

돋보기로 보니 죽은 것도 산 것도,
숨을 쉬는지 마는지도 아니 보인다
이것이 먼지인가,
오색 딱따구리가 날다가 떨구고 간 거시기인가
야나치게 호비어 파본들 무엇하나?

너!
있는 그대로,
발길 닿는 생광(生光)의 길로 가거라
자연의 순리 따라 맑은 영혼을 향해!
열심히 가거라
하늘에 죄를 지으면 빌 곳도 없다는데
빌 곳은 있어야지.

(시작노트)

'있는 그대로' 의 모습이 점점 그리워지는 것은 나이 탓인가 보다. 그리워한다는 것은 이루지 못하기 때문인가? 하늘과 땅의 삼라만상의 모습은 있는 그대로 일 때 생광(生光) 그 자체로 빛날 것이다. 우리네 마음도 원래 자리를 찾을 때 또한 생광 그 자체로 빛날 것이다.
내 맘 한 켠에 무엇이 자리 잡고 있나 심안을 들여다보며 하늘을 따르고, 순리를 따르며 궁극적으로는 순리의 순수함과 맑은 영혼을 통해 영광의 빛이 나는 그런 세계를 그리고 싶었다.

* 야나치다: 영락없고 매몰차다.
* 생광(生光): 빛이 남. 영광스러워 낯이 남.

관악 정기

고향 땅 냄새,
나선(螺旋)처럼 돌아나오는
추억의 조각들
아득한 그리움의 소묘(素描)
내 몸 구석구석을 그린다

호랑이 눈의 광채,
용의 몸으로 말이 된
용마산(龍馬山)에서 뿜어내는 정기,
관악산을 넘치고

애솔에 심어준 뜨거운 에너지는
불의로 살기보다는 의를 위해 죽으라는
사생관 심어준 핏속의 힘으로
생명 다하는 날까지 용수처럼 끓는다

해마다 교정 앞 탐스럽게 열린 감
몰래라도 한 번 따먹고 싶었지만
속 삼키며 배운 인내
세월 속에 묻어간 인고바람 맞을 때
깊은 뜻 되어 돌아온다

대방동 언덕 밟던 흙
진토 되어 영겁 속에 묻혔어도
관악 정기 가슴에 담겨
'義에 살고 義에 죽자' 는 새김말에
친구들과 어깨동무하며
남은 인생 큰 걸음 세며 나간다

(시작노트)

고등학교 문을 들어선지 40년이 넘었다. 60줄에 가까워 우정은 더욱 돈독해져들 가고 있다. 돈으로 못 사는 게 없다지만 우정은 돈 주고도 살 수 없다. 한 번 쌓인 정은 흐르는 강물처럼 세월 가도 변함없고, 오히려 해가 갈수록 남은 생을 보듬으며 더 깊어간다.

〈작품 해설〉

–김화용 시집 〈 창공에 핀 꽃 〉 評論

시드니 앞바다에 펼쳐지는 망망한 그리움

유창섭
〈시인, 문학평론가 〉

김화용 시인의 시집 "창공에 핀 꽃" 원고를 받고도 몇 날이 지났다.

호주로 이민을 가서 사는 분이기 때문에 일면식一面識도 없고 김화용 시인의 시를 접할 기회도 없었다.

그러나 시집에 실려 있는 시를 몇 번이고 읽어 보면서 김화용 시인의 개인적 삶도 잘 모르고, 그 분의 철학적 배경, 가정환경, 친구 관계 등 그분의 성격을 규정짓고 시적 성취를 가늠할 아무런 자료도 없는 상태에서, 단순한 독자적 시선으로 시집 전체를 통과하는 인식에 기대어 시의 의미를 천착하고 시 해설을 쓴다는 것에 염려가 없지 않았다.

시인은 시로 말한다. 그리고 시로 시인의 마음을 전한다. 그러므로 시인의 삶이 시 속에 녹아들어 육화되어 있을 것이고, 시인의 의식이나 잠재의식이 시 속에 투영되어 시인 자신도 모르는 사이에 그 편린들이 그의 시세계에 영향을 주게 되어 있는 것이므로 그 의미의 결을 따라가는 것이 최선의 길이라고 생각하였다.

그러나 김화용 시인의 글을 읽으면서 무척이나 다행스러운 일은 연세도 어지간한 분이 "우리말에 대한 애정이 각별하다"는 것, 그리고 "시에 대한 열정이 대단하다는 점"이 발을 멈추게 하였다.

시는 시인의 손을 떠나면 그 순간부터 독자의 것이 되고 만다. 독자가 그 시를 어떻게 읽든 그것은 독자의 자유다. 이미 독자는 독자 자신의 삶을 시인의 시 속에 투영하면서 반응을 하게 되고 독자 자신이 가진 개인적이고도 직접적, 또는 간접적 경험을 통하여 축적해 온 지성과 인식을 바탕으로 시인의 시를 읽고 감동을 받는 것이라고 할 수 있다.

물론 시를 통과하는 기본적 정서나 통일적 연관성의 틀이 시인의 의도와는 다르게 터무니없이 왜곡되거나 별개로 인식되는 일---실험시나 난해시 등과 같이 시에 차용되는 상징의 유기적 연결이 모호하게 되었을 때 일어나는 현상처럼---이 자주 발생하지는 않는다.

김화용 시인의 시 세계에 침전되어 있는 중심정서를 찾는데에는 시간이 오래 걸리지 않는다. 그의 시 속에서 넘실거리는 "그리움"이 너무나 절실하고 진솔하기 때문이다.

그의 그리움은 이민 1세대가 겪는 공통의 정서라고 치부해 버리기에는 그 각인된 그리움이 너무 깊고도 진하다.

"시드니 앞바다에 펼쳐지는 망망한 그리움"---이것이 김화용 시인의 시집을 통과하는 중심정서의 기둥이라 할 수 있다. 그 주체할 수 없는 그리움은 카카투cockatoo가 되기도 하고, 꽃이 되기도 하고, 낙엽이 되기도 하다가 김화용 시인의 시가 되었다.

김화용 시인은 시를 쓰던 때에 가졌던 심상의 단면을 [시작노트]라는 형식으로 달아 놓았는데, 어찌 보면 시詩의 오독誤讀을 방지하고 싶은 "시인의 의도" 같기도 하고, 시인 "자신의 심상" 그의 그리움의 원천이 훼손되지 않기를 바라는 마음이 담긴 것 같이 보이기도 한다.

얼핏 그의 시작 메모에서 그가 살아온 삶의 편린을 발견할 수 있다. "1971년 대학에 입학해서 "역사란 무엇인가?"에 심취하다가 제일 먼저 빌려본 책은 '동학혁명' 이다. 도서관람이 빌미가 되어 '한맥' 동아리와 인연 맺고 제3공화국 독재타도를 외치며 방황했던 안암골 추억들, 사회에 나와서는 한라에서 백두까지의 통일염원을 담아 모인 '한백회'.

세상이 좁다 하며 호연지기를 가지고 동서양 오대양 육대주 대한항공에 몸을 싣다, 1987년 말 고향 떠나 호주로 이민 왔다." 는 언술이나, "호주에 이민 온 지도 20년이 넘었다. 이민생활은 시간이 가면 갈수록 고국을 잊는 듯해도, 생각할 수록 더욱 그리워지게 만드는 것은 내 부모의 흔적이 담긴 곳이요. 형제 친구들이 살아 숨쉬는 곳이 바로 고국이기 때문이다. 그 마음을 헤아려보려고 소리쳐 불러 봐도 흔적 없이 사라지는 허공의 메아리일 뿐이니, 사랑의 정성 담긴 레드와인 빛 시를 지어 마음을 꺼내보지만 그래도 이제 몇 번이나 더 만날 수 있고 사랑할 수 있을까 생각하니 애절한 마음에 눈물이 흐른다."는 말에서 읽을 수 있는 것처럼 김화용 시인의 이민 생활은 상당히 오래되었으며 그가 가슴에 담고 있는 그리움이 얼마나 깊은 것인지를 짐작케 한다.

김 시인의 시에 대한 열정은 다른 시인이 넘보기 힘들만큼 각별하다. 자신의 내면에 들끓는 그리움의 물결을 그만이 가진 어법과 솔직함으로 다스리면서 "시인으로서의 길"이 앞으로 남은 숙명적인 업業으로 인식하고 있는 것 같다.

그가 전하는 메시지는 무엇일까?

그 두꺼운 그리움의 껍질을 깨고 김 시인의 세계로 잠행하여 보기로 한다.

한 생애를 살면서 김화용 시인은 자신의 풍성하고 다양한 세계에서의 부딪침 속에서 스스로에 대한 깊은 성찰과 삶의 관조를 몸으로 익히며 그 소중한 철학적 깨달음을 시로 엮어낸다. 그 중 빼어난 시 한 편 "거울"을 만나게 된다.

하루에도 몇 번씩 거울을 본다
안방에서 화장실에서 현관에서
거울이 나에게 부딪치는지
내가 거울에게 부딪치는지
무에 그리 푸닥지게 단장할 일이라고
이리저리 멋을 내보아도
거울 눈씨는 칼날처럼 살차다
이리저리 뜯어본들
주름 잡힌 세월 고스란히 낯꽃
나목에서 핀 목련 같은
거울 안 날것의 진리
그냥 그대로 살란다
별 한 번 헤아릴 새 없이
이리 볶고 저리 볶는 일
매일매일 왜 그리 체하듯 사느냐고
마음 먼저 윤기나게 닦으란다
빛을 마시는 영혼처럼
겉과 속이 똑같은 거울
성에 낀 세월이 이랑처럼 골을 쳐도
날것의 나만을 보자 한다
가식 없는 웃음
가득한 내가 보고 싶은 것이다.

(시 "거울" 전문)

그는 매일 거울과 마주선다. 그래서 그는 거울과 "부딪친다"는 표현을 써서 그 속내의 불편함을 토로한다. 아무리 멋을 내어도 "거울 눈씨(=눈설미)는 칼날처럼 살차다(=날카롭다)"고 그 속일 수 없이 드러나는 진면목을 거울에서 확인하고 있음을 고백한다.

그리하여 그는 "겉과 속이 똑같은 거울/ 성에 낀 세월이 이랑처럼 골을 쳐도/ 날것의 나만을 보자 한다/ 가식 없는 웃음 / 가득한 내가 보고 싶은 것이다."라고 마음 먼저 닦으라는 자신의 속마음의 소리를 꺼내 보여준다.

진실이란 바로 그러한 자신의 모습일 것이므로. 이 시에서도 모두에서 언급한 것처럼 김 시인은 '눈씨' 라든가, '살차다' 라든가, '날것' 이라든가 하는 순수한 우리말을 멋들어지게 사용하여 운치를 더해주고 있다.

다음에는 그리움이 가득한 시 한 편을 읽어 본다

소식 전한 지 오래,
소식 전할 마음 선뜻 내지 못해
전화기만 만지작거리다
괜스레 다른 일 핑계 삼아 다이얼 돌려본다

가까운 목소리,
왠지
멀리도 조그맣게 들리는 듯
오랜만에 안부 실은 목소리
미안한 마음에
핑곗거리 찾는다

어느샌가 정담 담긴 크고 작은 웃음소리
왜 이리 무심했나 후회로 밀려오고
온새미로 좋은 사람
내일도 마다 않고 자주 듣고 싶은 그 목소리

(시 "목소리" 전문)

"목소리"의 주인공이 누구이든 그 무슨 문제이랴. 전화 한 통화이면 충분한 것을 바쁘다는 핑계로 소식을 잊고 살다가 어느 날 전화기를 통해 들려오는 목소리에 넘치는 그리움이 밀려온다. 어느 곳에도 그리움이란 어휘가 들어 있지 않지만 그 그리움의 실체를 표현한 시로는 얼마나 절실하게 다가오는가를 헤아려 보기 어렵지 않다.

센 바람 부는 날,
기와지붕 밑에서
와몽이나 즐기는데

살구꽃 끝에 서성이던 봄
겨우내 닫힌 맘
시나브로 흔들어서

뉘 왔나 문구멍 내다보니
꽃바람, 문바람 타고
봄마중 나오라 손짓하네

눈가루에 드센 바람
오는 봄을 쓸고 갔나,
봄은 없고 바람만 있어

다시 들어 와몽이나 즐기려는데,
그런 나는 어데 갔나
내 맘도 사라졌네

(시 "와몽(瓦夢)" 전문)

시드니의 봄은 한국과는 반대라고 했다. 그 시드니에도 살구꽃이 핀 봄이 와 있는데, 반가운 마음에 밖을 나가보니 바람은 불고 봄은 없어 다시 돌아와 낮잠이나 즐기려 했던 것인지 누워 잠을 청해 보나 자신도 없고, 마음도 없어졌다는 말로 이미 마음이 봄을 쫓아 따라나서고 육신만 집에 남아 있었다는 암시를 드러내어 봄날의 설렘을 그려내는 데에 성공하고 있다. 이렇게 시란 "드러내면서 감추는 멋이 있는 시"가 아름다운 시라고 할 수 있으리라.

그 제목부터 와몽瓦夢(=기와지붕 아래에서 꾸는 꿈)이라니---아마도 시인에게 선배가 지어준 아호로서 그 고마움에 답하는 글인 것 같으나 봄날의 형상화가 매우 잘 된 작품으로서---더욱 멋스럽게 느껴진다.

살길 있어 혼자 가며 외로울까
풀벌레 노랫소리 들려온다
길 좇다 길 잃을까 해지기 전 서두는데
개랑 너머 눈에 띈 낯선 꽃
길을 막아선다
가만히 들여다보니
님 없어 그리울 때 만났던 그 꽃이라
그때도 이름 몰라- '이름 모를 꽃' 이라 했었지
향기라도 묻혀갈까 서성이는데
살짝 고개 숙인 소담스런 송아리 꽃잎,
살포시 어루만지듯
한 송이 시집에 꽂아 넣고
가는 길 재촉한다
키 키우는 마지막 누운 해 그림자
손으로 흩어놓은 듯한 그 빛깔
그리움의 빛깔이네

(시 " 이름 모를 꽃" 전문)

"이름 모를 꽃"에서는 길을 가다가 만난 꽃 한 송이를 꺾어 시집에 꽂아 넣고 서둘러 길을 가며 아득한 그리움을 만나게 되는 심상이 그려져 있다.

"키 키우는 마지막 누운 해 그림자 / 손으로 흩어놓은 듯한 그 빛깔 / 그리움의 빛깔이네"라는 대목을 읽으면 석양에 길게 누운 그림자와 아름다운 황혼이 바로 "그리움의 빛깔"이라고 표현하여 그 측량하기 어려운 그리움의 깊이를 드러내고 있다.

물론 김화용 시인의 다른 여러 편의 시 속에는 '어휘로 드러낸 그리움' 도 많이 발견되고 있는데 그것은 그것 대로 드러냄의 마음속 노래로서 그의 그리움이 수없이 많은 형태로 노출되어 있음을 알 수 있게 한다.

다음에는 인생의 무게가 느껴지는 관조적 시선이 담긴 시 한 편 "피안.2"를 읽어본다.

인고(忍苦)만이 아닌 또 다른 탄생의 기쁨,
처절한 몸부림으로 허물을 벗고 기어나와
영혼의 해감을 토해낸다
이승에 해 끼친 적 없어
이대로 죽는다 해도
하늘이 초록빛 명지바람 보내주겠다

가시나무에 붙은 애벌레가
머리 들어 하늘을 본다

실비라도 내려주면 지친 몸 말갛게 씻고
뒤에 오는 가시버시에 보금자리 내어주며
비나리 전해주겠다

미리내의 밝은 빛 하나
차안(此岸)에서 피안으로 가는 다리 비추어 주면
느린 걸음이라도 마음만은 갈 수 있겠지.
피안을 넘는 하늘의 잔물결 물비늘이
이승에서 쏘아주는 초록별의 마지막 인사일까?
한 손으로는 이승에서의 작별을,
다른 손으로는 피안의 끈 놓칠세라
꼬옥 쥐고 떠난다
윤슬의 찰랑이는 물비늘이 물안개 되어 사라진다

(시 "피안.2" 전문)

"피안彼岸faramita"이란 무엇인가? 그것은 이승의 번뇌를 내려놓고 열반의 세계에 이르는 일을 말한다.

이 시는 시의 화두話頭부터 범속적 의미를 떠난 형태로 시작된다. 즉, "가시나무에 붙은 애벌레가 / 머리 들어 하늘을 본다"는 인식이 이미 피안의 새로운 세계를 암시하며 시작되고 있다.

다음에 오는 "영혼의 해감을 토해낸다"는 말이 상징하는 해감(=시궁창 냄새가 나는 찌꺼기)을 옮겨 놓은 것은 '피안'과의 연관성 면에서 볼 때 아주 적절한 묘사가 아닐 수 없다.

"이승에서 쏘아주는 초록별의 마지막 인사일까? / 한 손으로는 이승에서의 작별을, / 다른 손으로는 피안의 끈 놓칠세라 / 꼬옥 쥐고 떠난다"는 구절도 초록별(=지구)를 떠나 영원의 세계로 가는 이승의 작별을 나타내 주고 있어 그 의미망이 견고하게 느껴진다.

이 시에서도 나타나듯 김 시인의 시 속에서는 아름다운 순수한 우리말이 자주 발견된다. 다소 그러한 어휘에 지나치게 집착하려는 모습이 없는 것이 아니지만, 우리말의 아름다움을 찾아내는 일은 적어도 우리 시인들의 몫이어야 한다는 믿음에 값하는 일이며 동시에 우리말의 재발견이라는 데에---그것도 고국에서 생활하는 시인들이 아닌 먼 이국땅에서 생활하는 시인이 그러한 마음을 가지고 시를 쓴다는 데에는 경의를 표하고 싶다.

김 시인의 우리말에 대한 애정은 그의 시 속에서 쓰이는 순수한 우리말뿐만 아니라 신조어로까지 확장되고 있다.

"아름다운 우리말.2" 에서는 열두 달의 이름---신조어를 찾아내어 우리말의 아름다움과 모국어에 대한 강한 애정을 드러낸다.

--- "1월; 해솟음달, 2월; 시샘달, 3월; 물오름달, 4월; 잎새달, 5월; 푸른달, 6월; 누릿달, 7월; 견우직녀 해후하는 달, 8월; 타오름달, 9월; 열매달, 10월; 하늘연달, 11월; 미틈달, 12월; 매듭달" 과 같은 이름은 고국에서 사는 우리 시인들에게도 낯익은 이름들이 아니다.

시 "별비에 젖어"에서 "동살 기운 받아 시나브로 일어설 때" 즉, 동살(=새벽 동이 틀 때 훤히 내비치는 햇살)과 같은 어휘는 얼마나

멋들어진 말인가.

발 닿는 대로 간다
시냇물 말갛게 바위 굽이 도는 소리
산새들도 가지에 쉬어가고
오가는 이 없어 지팡이 동무 삼아
한 걸음 두 걸음 세며 간다

이른 돌계단엔 먼지 하나 없는데
스산한 바람에 들려오는 풍경소리

가슴앓이 잊어볼까 찾아온 산사에
내 근심은 내리지 못하고
울고 있는 풍령에 남은 자비 적선하고
벗은 신 도로 신으려 툇마루를 돌아서는데
지나던 방장스님 안부 물음
고뇌의 때 얼룩진 방석을 끌어안고
백팔 배 시작하니
맺히는 땀방울로 생로병사 이승의 때
씻어줄까 빌어본다

마당 쓰는 동자승 업보를 헤어가며 쓸고 있나

구춘구추(九春九秋) 깊은 업보 저 빗자루에 실어볼까

선방풍경(諷經), 목탁소리,

바람에 얹힌 인생이란 화두로

새벽 찾는 나그네에 전해줄 수 있으려나

(시 "산사(山寺)의 새벽" 전문)

김 시인은 "산사의 새벽"에서 "가슴앓이 잊어볼까 찾아온 산사에 / 내 근심은 내리지 못하고 / 울고 있는 풍령에 남은 자비 적선하고 / 벗은 신 도로 신으려 툇마루를 돌아서는데"라고 말하며 풍경 소리에 이미 선승의 경지에 이른 것 같은 마음을 가지게 되었음을 은근히 내비치며 "업보를 헤어가며 마당을 쓸고 있는 동자승"을 내세워 "바람에 얹힌 인생"이라는 선답禪答을 내려놓고 있다.

다음에는 많은 시 중에서 "시詩"에 대한 집념과 열정이 묻어나는 시 한 편을 꺼내 본다.

카페인 향을 좇으며

별빛도 아스라한 시드니 새벽까지

시간에 내몰린다

하루가 25시간이라도
애오라지 한 시간 덤인 것을
피곤한 육신은 시신(詩神)에 이끌려
손가는 대로 시라고 쏟아낸다

쉬지도 지치지도 않고 걸근대는 시혼(詩魂),
이제는 쉬어야 할 몸에
못다 푼 시감 지웠다 살리고
밀려다 두드린다.

눈까풀 삼박대다 아람 시어 눈에 들면
부잣집 금 파오듯 얼른 가져와
신들린 음악가처럼 흰 종이에 마구 갈겨본다
천여 년 전 시선(詩仙), 시성(詩聖)의
처절한 삶이 배어난 시는
언제나 흉내 내볼까

모두가 잠들었다 일어날 새벽까지
끙끙대며 끼적거린 종이들
무릎을 탁 치고
천의무봉 비단결 한 자락 잡았다며
환희의 기지개 켠다

(시 "시혼(詩魂)" 전문)

"시를 쓰는 마음", "가을 예찬", "시인의 길", "별비에 젖어", "새벽잠"과도 같은 시처럼 이 "시혼詩魂"이라는 시에서는 김화용 시인의 시에 대한 집념과 긍지, 그리고 고뇌하는 현장에 대한 애정이 그려져 있다. 물론 고뇌의 현장성과 시의 위의威儀가 동격으로 나타나는 것은 아니지만, 시인이라면 모름지기 그런 정도의 고뇌를 해 본 적이 있어야 하지 않을까 하는 주제넘은 생각도 해 보게 된다.

너무 아파서 만져보았다
찢어지는 가슴을 보았다
마구 훑어댔다
세상의 끝이 어딘가
미련도 없다
세상이 나를 부른다
그러나 뒤돌아보고 싶지 않다
멀리서 들리는 소리,
너는 누구냐
나대로 갈 길이 있어 뒤를 보지 못한다
세상이, 세월이 나를 원하는 곳으로 끌고 갈 뿐이다
서서히 그리고 멀리 사라지고 있다
대지의 숨결 내뿜는 안개 속 바다 위를 나는 걸어간다
나를 부르는 푯대를 향하여

(시 "푯대" 전문)

아마도 술기운이 거나한 상태에서 썼을 법한 이 시는 시인의 내면에 감추어진 의식의 일단을 보는듯한 느낌을 준다. 흔히 말하는 자동기술법과도 같은 시의 기술방법처럼 보이기도 하는 이 시에서는 나이를 먹어서도 흔들리는 자신의 이상과 현실에 대한 갈등의 대립관계가 읽힌다. 자아에 대한 성찰, 그리고 그에 대한 자신에 대한 의구심이 함께 증폭되는 상황에서도 시인은 자신을 필요로 하는 이상의 푯대를 향하여 나아가리라는 다짐을 적어 놓는다.

그러한 시인의 마음 뒤편에 언제나 자리하고 있는 생의 집착에 이르러서는 시인은 이제 자신의 인생이 이미 황혼기에 접어들었으며 아직도 그리운 사람들 보고 싶은 사람들이 저렇게 많은데 앞으로 얼마나 그들을 사랑할 수 있을까?를 스스로에게 묻는 안타까움이 짙은 시를 읽어본다.

비장도 속이 타면 까맣게 타들어가나
보고 싶은 마음
보이지 않는 속마음,
거울로도 알 수 없구나.

그리움이 사무치면
눈에도 열꽃이 생기는 것인지
가슴에 그리움으로 얽혀있는 사람들
서로 다른 땅에 살고 있으니
보고 싶어 생각날 땐 어찌하나
한국 미국 필리핀 인니 캐나다……
맑은 사랑 가득 준 그리운 사람들
가슴에 묻고 왔으니
미안한 마음 언제나 절절하다

소리쳐 이름도 불러보고
노래방 노랫말 따라 읊어도 보지만
아려오는 마음은 가슴에 쌓인다

세월은 가고 없어도
사랑은 가슴에 켜켜이 쌓여 있어
영원히 지워지지 않는 화인火印들
이제 몇 번이나 더 만나고 사랑할 수 있을까
사무사思無邪로
견주어보다 손등 위 눈물 떨군다

(시 "몇 번이나 더 사랑할 수 있을까" 전문)

그는 “세월은 가고 없어도 / 사랑은 가슴에 켜켜이 쌓여 있어 / 영원히 지워지지 않는 화인火印들 / 이제 몇 번이나 더 만나고 사랑할 수 있을까”를 셈하며 그 그리움의 끝을 놓지 못하고 그날도 시드니 바다를 망연히 내다 보았음직하다.

다음에도 자아에 대한 성찰의 시선이 담긴 시 한편을 읽게 된다.

우기(雨期)에도 잘 견뎌낸 나무 한 그루
겨울 삭풍이 못 견디게 추웠나
여름내 무성했던 잎사귀들
서둘러 다 털어내고 떠나니
사랑하는 사람들 서글퍼 어찌할까

고통과 아픔 견디기 어렵다고
아랑줄 잡고서 저 멀리 간다니
보내주고 싶지 않은,
그 모습

고향 앞 흐르는 강물 소리
흐느끼며 흐르는데
산기슭 양지바른 곳에
비석 하나 세워놓고 흙집 지은 친구여
내 가슴에 무덤 하나 솟았다네

(시 “친구 낙엽 되어” 전문)

친구가 떠난다는 "고통과 아픔 견디기 어렵다고 / 아랑줄 잡고서 저 멀리 간다니"라는 말은 이승을 떠나 아랑줄(=명주실로 꼬아 만든 줄)을 붙잡고 먼길을 떠나는 친구의 모습으로 그려진다.

그리고는 친구를 향하여 그리움의 말을 전한다

"비석 하나 세워놓고 흙집 지은 친구여 / 내 가슴에 무덤 하나 솟았다네"라고.

김화용 시인의 시는 온통 그리움으로 꽁꽁 묶여 있는 듯하다. 그가 살고 있는 시드니 앞바다의 모든 파도가 그리움이 출렁거리는 모습이리라는 상상을 하게 된다. 그러면서도 자주 그는 자신의 내면과 마주하고 살아오는 동안 축적된 깨달음과 관조의 눈길을 거두지 않는다.

현대시가 새로운 양상으로 변모하고 진화를 거듭하는 사이, 먼 타국 땅에서도 모국어를 섬기면서 이만큼 고뇌하며 시심을 키워온 김화용 시인께 감사를 드린다.

시는 언어예술이며 그 정서를 "감추면서 드러내는 형식"에서 이제는 "드러내면서 감추는 형식"에로의 진화를 계속하고 있다. 최근에는 시인마다 각기 다른 형식이나 내용으로 시의 영역을 넓혀가고 보다 절실한 정서를 표현하여 독자들과 교감하기 위하여 다소간의 실험적 시작詩作 태도를 견지하기도 한다.

이러한 고국의 시적 변화에도 눈길을 주면서 자신만의 이미지 발현 방법이나 자신만의 어법의 발현을 찾아내는 노력이 이국 땅 문학세계에서도 전개되기를 기대해 본다.

어쩌면 세계적 시의 사조思潮에 가장 먼저 접점을 만들어 갈 수 있는 곳이 바로 외국이며, 그 곳이 이국의 문화 속에서 새로운 물결을 발견해 내고 창안해 낼 수 있는 기회가 될 수도 있지 않을까 하는 희망이 더 많다.

주제넘은 말이 될지 모르지만, 이민 1세대에서 산견散見되는 너무나 진한 그리움의 정서가 전면에 나서서 지나친 개인적인 서정성에 매몰되어 있다는 의혹의 눈길을 걷어내기 위해서는 김 시인 자신이 살아온 보다 넓고 다양한 세상에 대한 이야기---문화적 충격 culture shock이나 삶의 본질에 대한 다양한 시선philosophical view, 그리고 사회적 문제에 대한 성찰이 버무려진 시의 인식세계 social sympathy가 담긴 시가 좀 더 많았더라면 하는 아쉬움이 없지 않다.

삶의 "풍요"란 좋은 것이다.

그것은 물질적 풍요만을 의미하는 것이 아니다. 시인만이 누릴 수 있는 정신적 풍요는 물질주의 시대에 더욱 절실한 풍요가 아닐까?

인간의 삶의 가장 원천적인 심상의 하나가 그리움이고, 그것으로부터 사랑과의 대화가 가능해 지는 것이라면 김화용 시인은 "아직도 사랑할 시간이 많이 남아 있는 시인"임에 틀림이 없어 보인다.

가슴에 침전되어 있는 그 진한 정서를 하나씩 펴내어 실체를 확인하면서 시로 형상화 시키고 나면 새로운 사랑에 대한 의식도 깊어지고, 보다 더 넓고 깊은 철학적 인식이나 범세계적인 인식과도 만나면서, 현실 사회적 광정의식이 담긴 눈길과도 조우하게 되리라고 믿는다.

그동안 시에 대한 집념을 불태우면서, 그 열정을 엮어 모은 결실의 시를 읽은 한 독자로서 마음으로부터의 축하와 박수를 보내 드리고 싶다.

2009년 8월3일 제천, 시인촌에서 유창섭

김화용 시인 제1시집
창공에 핀 꽃

인쇄 2009년 8월 8일
초판 1쇄 발행 8월 10일

지은이 김화용
펴낸이 전형철
편 집 유진플러스
웹디자인 오정원

펴낸 곳 도서출판 모던
등록번호 제 16-9544 / 2003년 10월1일

인쇄 유진플러스
후원 월간 모던포엠

서울시 중구 을지로 3가 326 상지빌딩 201호
전화 02-2271-0050 팩스 02-2272-1005
이메일 mopo64@hanmail.net

ISBN 978-89-93369-04-5 03510
정가 9.000원